서평을 쓸까
독후감을 쓸까

서평을 쓸까 독후감을 쓸까

초판 1쇄 발행 2024년 10월 31일

지은이 황영주
펴낸이 장길수
펴낸곳 지식과감성#
출판등록 제2012-000081호

교정 이주연
디자인 오정은
편집 오정은
검수 김지원, 윤혜성
마케팅 김윤길, 정은혜

주소 서울시 금천구 벚꽃로298 대륭포스트타워6차 1212호
전화 070-4651-3730~4
팩스 070-4325-7006
이메일 ksbookup@naver.com
홈페이지 www.knsbookup.com

ISBN 979-11-392-2171-8(03800)
값 12,000원

- 이 책의 판권은 지은이에게 있습니다.
- 이 책 내용의 전부 또는 일부를 재사용하려면 반드시 지은이의 서면 동의를 받아야 합니다.
- 잘못된 책은 구입하신 곳에서 바꾸어 드립니다.

지식과감성#
홈페이지 바로가기

개념 정리와 실전 글쓰기까지 한 번에

서평을 쓸까
독후감을 쓸까

황영주 지음

지식과감정#

여는글

책과 친하게 지내면서 서평이나 독후감을 쓰거나 그런 글을 쓰도록 도와주는 일을 했다. 그런데 많은 이들이 서평과 독후감의 차이를 모르거나 글 쓰는 데 어려움을 느낀다는 걸 알게 되었다. 둘의 차이를 쉽고 간단하게 설명해 주는 책도 흔치 않았다. 이 책은 서평과 독후감의 기본적인 개념 정리와 글을 잘 쓰는 방법을 설명한 후, 바로 이해할 수 있도록 그동안 쓴 서평과 독후감을 덧붙였다.

즐길 것이 많은 세상이다. 하지만 즐김과 동시에 자아 성찰과 깊이 있는 시선을 선물로 가질 수 있는 것은 드물다. 책과 글은 그 모든 게 가능하다. 이 책이 그것을 얻기 위한 첫발의 힘이 되면 좋겠다.

2024년 가을
황영주

목 차

◇ 서평(북리뷰)과 독후감(북에세이)   10
◇ 서평(북리뷰)을 잘 쓰려면   12
◇ 서평(북리뷰) 쓰기   14
◇ 글을 잘 쓰려면   15

서평 읽기
1. 파란만장 내 인생 (구경미 글, 문학과지성사)   20
2. 소년 프로파일러와 죽음의 교실 (박기복 글, 행복한나무)   22
3. 연암이 나를 구하러 왔다 (설흔 글, 창비)   24
4. 빨간구두당 (구병모 글, 창비)   27
5. 여고생 미지의 빨간약 (김병섭·박창현 글, 양철북)   29
6. 겨울뿐인 미래 (소피 크로켓 글, 살림FRIENDS)   32
7. 요즘것들 사전 (권재원 글, 우리학교)   35

8. 한홍구의 청소년 역사 특강 (한홍구 글, 철수와영희)   38
9. 아직도 마녀가 있다고? (이경덕 글, 사계절)   41
10. 가거라 용감하게, 아들아! (박흥규 글, 들녘)   44
11. 세상을 바꾼 건축 (서윤영 글, 다른)   47
12. 대논쟁! 철학 배틀 (하타케야마 소 글, 다산초당)   50
13. 소년은 침묵하지 않는다 (필립 후즈 글, 돌베개)   52
14. 셰익스피어, 대학로에서 연극을 보다 (권오숙 글, 탐)   55
15. 자, 살자 (케이트 본스타인 글, 이매진)   58
16. 고중숙 교수의 과학 뜀틀 (고중숙 글, 궁리)   60
17. 유토피아, 농담과 역설의 이상 사회 (주경철 글, 사계절)   62
18. 10대와 통하는 새롭게 살려낸 우리말 (최종규 글, 철수와영희)   65
19. 독살로 읽는 세계사 (엘레너 허먼 글, 현대지성)   68
20. 아몬드 (손원평 글, 창비)   70
21. 죽음의 수용소에서 (빅터 프랭클 글, 청아출판사)   73
22. 일곱 해의 마지막 (김연수 글, 문학동네)   75
23. 책 읽어주는 남자 (베른하르트 슐링크 글, 시공사)   78
24. 10대와 통하는 탈핵 이야기 (최열 외 6인 글, 철수와영희)   81
25. 도둑맞은 집중력 (요한 하리 글, 어크로스)   84
26. 천 개의 찬란한 태양 (할레드 호세이니 글, 현대문학)   86
27. 인간 (베르나르 베르베르 글, 열린책들)   88
28. 노동에 대해 말하지 않는 것들 (전혜원 글, 서해문집)   90
29. 세계는 왜 싸우는가 (김영미 글, 김영사)   92
30. 엄마들 (마영신 글·그림, 휴머니스트)   94
31. 국가란 무엇인가 (유시민 글, 돌베개)   96
32. 리틀 라이프 (한야 야나기하라 글, 시공사)   98
33. 나는 메트로폴리탄 미술관의 경비원입니다
    (패트릭 브링리 글, 웅진지식하우스)   100

◇ 독후감(북에세이)을 잘 쓰려면　　104
◇ 독후감(북에세이) 쓰기　　105

독후감(북에세이) 읽기

1. 언젠가는 (여자 둘이 살고 있습니다, 김하나·황선우 글, 위즈덤하우스)　　108
2. 세상에서 가장 편안한 곳 (보통의 존재, 이석원 글, 달)　　110
3. 그대에게 어깨를 빌려줄 때 (내가 가장 슬플 때, 마이클 로젠 글, 비룡소)　　113
4. 잘 듣는 사람 (살아 있는 것은 다 행복하라, 법정·류시화 글, 조화로운삶)　　116
5. 여전히 부족한 나 (프레임, 최인철 글, 21세기북스)　　118
6. 그저 실화냐 (위그든 씨의 사탕가게, 폴 빌리어드 글, 문예출판사)　　120
7. 세상의 모든 완두에게
    (완두, 다비드 칼리 글, 세바스티앙 무랭 그림, 진선아이)　　123
8. 오늘 입은 옷이 바로 나 (옷장 속 인문학, 김홍기 글, 중앙북스)　　126
9. 단정 짓는 일의 덧없음 (고래, 천명관 글, 문학동네)　　129
10. 신들의 삶은 현재형
    (뉴욕에 헤르메스가 산다, 한호림 글, 웅진지식하우스)　　132
11. 섬뜩한 미래
    (옛날에는 돼지들이 아주 똑똑했어요, 이민희 글·그림, 느림보)　　135
12. 괜찮은 벽 (시선으로부터, 정세랑 글, 문학동네)　　138
13. 꼰대입니까 (90년생이 온다, 임홍택 글, 웨일북)　　141
14. 부끄러운 깨달음 (그쪽의 풍경은 환한가, 심보선 글, 문학동네)　　144
15. 차마 할 수 없는 일 (나를 보내지 마, 가즈오 이시구로 글, 민음사)　　147
16. 그의 글을 읽고 싶다 (자기 앞의 생, 에밀 아자르 글, 문학동네)　　150
17. 너무 늦은 깨달음 (돈의 속성, 김승호 글, 스노우폭스북스)　　153
18. 지금 사랑이어야 한다면
    (매디슨 카운티의 다리, 로버트 제임스 월러 글, 시공사)　　156
19. 남의 일이 아니야
    (오늘부터 나는 세계 시민입니다, 공윤희·윤예림 글, 배성규 그림, 창비교육)　　159

20. 존중받아야 할 삶 (밤에 우리 영혼은, 켄트 하루프 글, 뮤진트리)　　　　　　　161
21. 내 이야기 (명랑한 은둔자, 캐롤라인 냅 글, 바다출판사)　　　　　　　　　163
22. 나이 듦에 대해 (노인과 바다, 어니스트 헤밍웨이 글, 민음사)　　　　　　　165
23. 바람이 통하는 관계 (원 테이블 식당, 유니게 글, 문학과지성사)　　　　　　167
24. 상처를 만지는 밤 (소년을 읽다, 서현숙 글, 사계절)　　　　　　　　　　　169
25. 일과 쉼 그 사이에서 (일의 기쁨과 슬픔, 장류진 글, 창비)　　　　　　　　171
26. 어서 오세요, 영주 서점입니다
　　(어서 오세요, 휴남동 서점입니다, 황보름 글, 클레이하우스)　　　　　　　173
27. 나의 1순위 (나는 프랑스 책벌레와 결혼했다, 이주영 글, 나비클럽)　　　　175
28. 가짜를 걸러 내는 일 (오셀로, 윌리엄 셰익스피어 글, 민음사)　　　　　　　177
29. 물음표와 느낌표가 넘치는 삶
　　(100 인생 그림책, 하이케 팔러 글, 발레리오 비달리 그림, 사계절)　　　　180
30. 내 안의 두 세계 (술라, 토니 모리슨 글, 문학동네)　　　　　　　　　　　183
31. 낯선 어울림 (뉴턴의 아틀리에, 김상욱·유지원 글, 민음사)　　　　　　　　186

◇ 서평(북리뷰)과 독후감(북에세이)

- 서평은 출간된 책을 먼저 읽고 아직 읽지 않은 이에게 소개하는 글로 신문이나 문예지, SNS에서 쉽게 찾아 볼 수 있다. 독후감은 책을 읽은 후 자기에게 닿은 생각이나 느낌을 적은 글을 말한다. 둘의 공통점은 책을 읽은 후 글을 쓴다는 것이고 차이점은 크게 셋으로 나뉜다.

하나. 서평은 책을 소개하는 글이라서 소개할 책이 주인공이고, 독후감은 책을 읽고 닿은 생각이나 느낌을 쓰는 글이라서 그 글을 쓰는 사람이 주인공이다.

둘. 서평은 객관적인 시선으로 글을 쓰고, 독후감은 주관적인 시선으로 글을 쓴다. 그래서 서평을 쓸 때는 글쓴이의 말이나 작품 해설, 출판사의 서평 등을 참고해서 글의 주제가 무엇인지, 놓치지 말아야 할 것은 어떤 것인지 챙겨야 한다.
반면에 독후감은 책을 읽는 자기를 놓지 않아야 한다. 그래서 서평을 쓸 때만큼 책에 대해 알지 않아도 자기의 경험과 생각이 담긴 글을 쓸 수 있다.

셋. 서평은 정보 전달이 목적이고, 독후감은 경험 등의 공유와 성찰이 목적이다. 서평은 감정이 들어가지 않은 담백한 맛을 낸다. 우리는 소개된 책을 읽어야겠다고 마음먹거나 그냥 넘기면 된다.

독후감은 깊고 다양한 맛을 낸다. 프랜차이즈 음식점에서 느낄 수 없는 맛을 주인이 혼자 꾸려 가는 곳에서 발견하는 것과 같다. 이렇게 자기가 살아온 이야기를 책과 버무려 풀어 낸 게 독후감이다.

◇ 서평(북리뷰)을 잘 쓰려면

- 서평은 그 책이 담고 있는 정보와 글쓴이의 의도를 잘 전달해야 한다. 그래서 글쓴이와 해설자의 말, 출판사 서평 등을 꼼꼼히 읽고 강조하는 말 혹은 주제를 찾아 빛내는 글을 쓴다.

- 책이 담고 있는 특징을 살린다. 글쓴이가 전문 글쓴이가 아닌 경우가 있다. 그 시대나 사회 현실과 딱 맞는 책이 나오기도 한다. 덕후처럼 특정 대상이 환호할 책도 있다. 이렇게 책의 개성을 살릴 자료를 고른다.

- 글의 시작은 주제에 맞는 책 속의 말 혹은 문장으로 하거나, 낯선 개념의 풀이로 하면 된다. 글쓴이를 바로 언급해도 좋다. 그렇지 않으면 사건이나 등장인물을 소개해도 상관없다. 그런 것이 각각의 고유한 특징이다.

- '나'라는 표현을 쓰지 않는다. 서평은 객관적으로 정보를 담는 글이다. 기자가 기사문에 자기를 드러내지 않는 것처럼 그냥 정확하고 일반적인 내용만 담는다.

- 정보를 모두 담겠다는 욕심을 버린다. 요즘은 영상이 대세라 긴 글을 읽지 않는다. 문장도 짧게, 글도 몇 가지 중요한 부분만 살려서 쓴다.

- 글의 분량을 지킨다. 보통 700자에서 1,500자가 적당하다. 길게 쓴 다음 줄이는 게 더 쉽다. 짧은 서평은 글의 특징과 줄거리를 살짝 소개하는 정도로 쓰고, 긴 서평은 내용을 자세히 쓰면서 책 속의 문장을 넣거나 글쓴이를 소개하는 등 적절한 것을 버무린다.

◇ 서평(북리뷰) 쓰기

하나. 책을 꼼꼼히 읽는다. 작가의 말이나 작품 해설도 잘 챙긴다. 낯선 개념의 뜻을 찾고, 좋은 문장을 표시한다. 등장인물이 많고 내용이 복잡하면 마인드맵으로 전체적인 그림을 그리면서 이해한다.

둘. 글의 주제를 정하고 주제를 살릴 작은 묶음을 만든다. 예를 들어 우주 개발을 소개하는 책은 '개발'이 주제가 되고, 다양한 방법이 작은 묶음이다. 줄거리가 있는 책은 핵심 내용을 찾고, 그 핵심과 연결되는 인물과 사건을 추린다.

셋. 글의 시작을 어떻게 할지 정한다. 글쓴이 소개나 개념 설명, 문장 소개 등 가장 효과적으로 책을 살릴 수 있게 선택한다.

넷. 줄거리나 주제와 연결되는 글을 쓴다. 문장은 짧게, 내용에 따른 문단을 구분하면서 쓴다. 문단과 문단은 자연스러운지 살피면서 글자 수를 적당히 유지한다.

다섯. 글의 마무리는 전체적인 흐름을 놓지 않도록 주의한다. 새로운 의견이나 내용이 들어가면 안 된다.

◇ 글을 잘 쓰려면

하나. 자기가 쓰는 글이 문학인지, 비문학인지 알고 시작한다. 문학은 감성적으로, 비문학은 논리적으로 써야 하기 때문이다. 문학도 소설, 시, 에세이가 다르고 비문학도 논설문, 연설문, 기사문이 다르다. 서평은 비문학, 독후감은 문학이다.

둘. 전체적인 맥락을 유지한다. 예를 들어 우정에 대한 글을 한참 쓰다가 갑자기 날씨를 언급한다거나, 돈 때문에 벌어진 삭막한 현실을 써야 하는데 뜬금없이 학교 시험을 꺼내면 안 된다. 끝까지 자기가 하려는 이야기를 끌고 가는 힘이 필요하다.

셋. 문장은 짧게 쓴다. 글을 잘 쓰는 사람도 문장이 길고, 못 쓰는 사람도 문장이 길다. 잘 쓰는 사람은 어디에서 끊어야 하는지를 알고 쓰지만 못 쓰는 사람은 그걸 몰라서 줄줄이 이어 쓰게 된다. 그런 경우 자기가 쓴 글을 스스로 이해하기 어렵다고 답한다. 짧은 문장이 이해하기 쉽고 읽기도 좋다.

넷. 접속사를 줄인다. '그리고', '그래서', '그러나' 등을 습관처럼 쓰지 않도록 한다. 접속사가 없으면 글의 연결이 안 된다고 생각하기 쉬운데 오히려 그런 글이 물 흐르듯 자연스럽게 이어진다.

다섯. 문장의 접속 관계를 살핀다. 단어와 단어, 구와 구, 절과 절을 연결할 때 형식과 의미가 다르면 문장이 어색해진다. '노마드족과 부동산 가격 안정으로'는 '노마드족이 늘어나고 부동산 가격이 안정되면서'로 바꿔야 한다. 당연하다고 생각해서 생략하는 건 없는지 확인한다.

여섯. 반복되는 말을 쓰지 않는다. 보통 '생각한다', '같다', '것이다' 등의 표현을 자주 쓰고 앞에서 쓴 문장을 반복하는 경우가 많다. 그런 글은 읽기에 지루하고, 어휘력이 풍부하지 않은 느낌을 준다. 다시 강조할 필요를 느끼면 표현을 다르게 한다.

일곱. 많은 글을 읽는다. 읽지 않고 잘 쓸 수는 없다. 감정 표현을 잘하는 사람이 있고, 묘사를 잘하는 사람이 있다. 구성이 탄탄한 작품도 있고, 기발한 상상이 돋보이는 작품도 있다. 쉽게 풀어 쓴 글이 좋기도 하고, 현란한 글에 매료되기도 한다. 다양한 작품을 읽다 보면 자기가 좋아하거나 쓰고 싶은 글이 보인다.

여덟. 잘된 문장을 필사한다. 책을 읽다가 마음을 건드린 문장이 있으면 직접 써 보거나 SNS로 옮겨서 반복해 읽는다. 똑같이 쓰면 저작권 위반이지만, 자기 안에 자연스럽게 녹아들어 저절로 나오게 하면 문제가 되지 않는다.

아홉. 일단 긴 글을 쓰고 가지치기에 들어간다. 반복된 글은 없는지, 접속사는 적당한지, 인용문은 표시했는지 고치는 과정을 거치면서 글은 단정해진다. 그다음 정해진 분량에 맞춘다. 짧은 글을 늘리는 것보다 긴 글을 줄이는 게 더 쉽다.

서평 읽기

1.
파란만장 내 인생
(구경미 글, 문학과지성사)

뭔 놈의 인생이 이리 심심하냐. '할머니 떡볶이' 분식집을 차린 할머니는 심심하다는 말을 입에 달고 살았다. 그러곤 가게 간판을 '마녀 할머니의 독 탄 떡볶이'로 바꿔 달았다. 메뉴도 옷을 갈아입혔다. 불난 집에 부채질, 내게 강 같은 평화, 삶이 그대를 속일지라도. "임산부나 노약자, 심신 허약자는 사망에 이를 수 있으니 메뉴 선택 시 매우 주의하시기 바랍니다."라는 문구도 붙였다. 《파란만장 내 인생》은 그 할머니에게 빌붙어 사는 한동이의 좌충우돌 성장기다.

동이는 흔히 말하는 행복의 조건과 멀찍이 떨어져 있다. 아픈 엄마가 죽은 지 여섯 달 만에 재혼한 아빠가 싫어 할머니 집으로 가출했으니, 신나고 즐거울 일이 없을밖에. 게다가 할머니는 그런 손녀를 보듬기보다는 놀리고 굶기는가 하면 독설도 서슴지 않는다. 절친인 수민이와 아영이, 사촌인 동주 언니도 제각각 이해할 수 없는 삶을 사느라 마음이 너덜너덜하다.

그런데도 이들은 웃는다. 벅적지근하게 한번 웃고 마는 게 아니라 틈만 나면 웃음꽃을 몽실몽실 키운다. 동이는 이런 친구가 있어서

파란만장한 열다섯 시기를 잘 건너간다. 건너다 보니 '굴러온 돌' 취급을 받는 새엄마의 외로운 자리도 보이고, 남편 없이 홀로 자식들을 키워 낸 할머니의 고단한 얼굴도 보였으며, 폭력 아버지 밑에서 가출을 꿈꿨을 동주 언니의 아픔도 보였다.

사람들은 자기의 삶이 팍팍하다고 여긴다. 동이도 혼자 울고 혼자 아파하는 데 이력이 난 아이다. 그런데 우는 건 혼자서도 거뜬히 해낼 수 있지만 웃는 건 아무래도 곁에 누군가 없으면 덜 웃게 되지 않나. 웃는 일이 많아지면 울 일은 자연히 적어지게 되고. 만약 할머니가 계속 '할머니 떡볶이' 간판을 고집했다면 끝까지 심심하고 재미없었을 거다. 결국 행복해지는 비결은 '함께'와 '바꿈'이라는 걸 말해 주고 있다.

이 책은 재미있다. '이렇게 재미있는데 안 웃을래?' 하고 얼굴을 들이민다. 사실 글쓴이는 의도적으로 이런 글을 썼다. 글을 쓰는 동안 너무 행복해서 끝이 다가오는 게 아까울 정도였다고. 책을 읽는 모두가 건강한 기운과 에너지를 전달받을 수 있기를 바라는 마음이 한 아름이다. 좀 즐거워도 되는 세상, 맘껏 웃을 수 있는 세상을 함께 만들어 보자.

- 서평 팁 -

소설을 서평에 담을 때는 대략적인 줄거리를 넣는다. 이 책은 '마녀 할머니의 독탄 떡볶이'를 중심으로 벌어지는 일이 특징이라 그걸 살렸다.

2.
소년 프로파일러와 죽음의 교실
(박기복 글, 행복한나무)

　전교 1, 2, 3등이 다 있고, 전교 30등 안쪽만 10명인 반이 있다. 그리고 이 반에서 끔찍한 살인사건이 일어난다. 글쓴이는 단순한 범인 찾기를 넘어 십 대들의 삭막하고 아픈 마음을 담으려는 듯 프로파일러가 꿈인 홍구산을 주인공으로 삼았다.

　프로파일러란 범죄를 일으킨 용의자의 성격과 행동 유형을 분석해서 도주 경로나 은신처를 추정하는 사람이다. 범죄자의 마음을 읽어 내는 그 능력은 범죄 현장에만 유용한 게 아니다. 그가 뒷자리에 앉아 깐죽대는 친구에게 날린 한마디.

　"잘난 누나 둬서 힘드냐?"

　전학 간 첫날이라 미리 조사한 것도 아닌데 어떻게 알았을까. 끊임없는 관심의 힘이다. 그런 관심의 눈으로 둘러본 교실은 정글과 같다. 모둠별로 프레젠테이션할 때 일부러 엉뚱한 행동을 하고, 선생님 앞에서 큰 소리로 싸우는 것은 예사다. SNS에 악성 댓글을 다는 건 애교로 넘어가야 할 정도.

이런 정글 속에서 전교 1등인 채예림이 죽었다. 친구의 죽음 앞에서 무덤덤하거나 오히려 반기는 기색을 보이던 아이들은 너의 마음을 이해한다는 홍구산의 위로에 억울하고 서럽고 속상한 마음을 봇물 터지듯 풀어놓는다. 강한 척하던 아이들의 약한 모습은 '어떻게 살아갈 것인가'란 고민에 빠지게 한다.

이렇게 《소년 프로파일러와 죽음의 교실》은 추리소설의 전형적인 빠른 전개와 다양한 복선으로 마음을 휘어잡는다. 일단 논리력과 추리력, 상황 판단력까지 동원해 범인을 쫓아 보자. 그리고 우리가 매일 만나는 정글 같은 학교를 생각해 보자. 그 정글을 혼자 힘으로 헤쳐 나갈 수 있는가. 과연 우리가 싸워야 할 상대는 누구인가. 짝을 얼마나 알고 있는가.

저 먼 우주나 깊은 바다를 궁금해하기 전에 사람 속을 깊이 알아보는 사람이 되길 바라는 글쓴이의 뜻이 오롯이 담겼으니 열심히 퍼서 마음의 그릇이 흘러넘치도록 채워 보자.

- 서평 팁 -
추리소설의 서평은 호기심을 가질 만한 정보를 준다. 프로파일러가 꿈인 주인공이 사건을 어떻게 해결하는지 집중했다.

3.
연암이 나를 구하러 왔다
(설흔 글, 창비)

'히키코모리'는 사회생활에 적응하지 못하고 집 안에만 틀어박혀 사는 병적인 사람을 일컫는 용어다. 은둔형 외톨이라고도 하는데 《연암이 나를 구하러 왔다》에선 연암이 그런 사람을 구해 낸다. 《열하일기》, 《허생전》 등을 저술한 조선시대 실학자 연암 박지원.

미노는 고등학교 2학년 때부터 방 안에 틀어박혀 있다. 마음의 문을 닫아걸었기 때문이다. 많은 사람이 찾아와 열심히, 진심으로 그의 마음을 두드렸지만 굳게 닫힌 문은 열리지 않는다. 아버지의 친구인 '이야기 선생님'이 마지막 희망. 하지만 말투는 어눌하고, 외모는 단정함과 담을 쌓았으며, 행동도 굼뜨기 이를 데 없다. 게다가 들려주는 이야기가 고리타분한 옛날이야기다.

그런데 미노의 빗장이 슬며시 열린다. 선생이 들려주는 이야기 속 연암 역시 은둔형 외톨이였다. 이야기 선생도 버거운 상처에 휘청대는 사람이었고. 치열하게 아파 보지 못한 사람의 얕은 위로는 그저 입에 발린 소리에 불과하다. 외톨이가 될 만한 충분한 이유가 있는데도 무조건 나오라고 손짓만 하니 뒤로 물러설밖에. 그러다가 모처럼 같은 경험을 나눠 마음이 풀어진 것이다.

 글쓴이는 연암의 삶 중에서 세 차례나 세상을 등지고 홀로 틀어박혔다는 사실에 주목했다. 이를 개성에서 지냈던 시절과 재구성하여 세상 밖으로 나오길 두려워하는 사람들에게 들려주는 형식을 선택했다. 그래서 책 속의 연암은 어느 때보다 친근하며 그의 글은 살아 움직이고 목소리는 바로 옆에서 듣는 듯 생생하다.

 우리는 고통받거나 받을 일이 생기면 미노나 이야기 선생처럼 일단 피하려고 한다. 연암도 처음엔 자신을 향한 화를 산방에 틀어박혀 피하려고 했다. 하지만 곧 자기의 모습을 제대로 볼 줄 알아야 함을 깨닫는다. 만약 그가 끝까지 은둔했더라면 이렇게 새로운 모습으로 재탄생해 가까이 다가오지 못했을 거다.

 "난 비겁했다. 고통과 맞선 게 아니라 피한 거니까. 맞서서 주먹을 주고받지 않는 한, 결정적인 한 방을 날리지 않는 한, 고통은 절대 물러나지 않는 법이더구나. 상처받은 내 육신은 그대로 존재하니 말이다."

 연암을 통해 고통을 이겨 낸 이야기 선생의 말이다. 미노도 도피하려는 참에 친구가 배신했고, 아버지는 그 마음에 불을 질렀을 뿐임을 인정한다. 결국 모든 일은 스스로 만들어 가는 것. 이런 깨달음이 매일 크고 작은 문제와 끊임없이 맞닿는 우리네 삶의 중요한 열쇠가 됨이 분명하다. 고통에 홀로 맞서기 두렵다면, 든든한 후원자가 필요하면 연암을 부르자.

- 서평 팁 -
'히키코모리' 개념을 알아야 내용 이해에 도움이 될 거 같아서 글의 시작으로 삼았다. 이렇게 낯선 단어나 개념 풀이로 시작하면 좋다.

4.
빨간구두당
(구병모 글, 창비)

《빨간구두당》은 안데르센 동화와 민담의 원형을 간직하면서도 다층적으로 변주한 판타지 세계로 우리를 초대한다. 그렇다고 이야기가 낭창낭창 흘러가진 않는다. 권선징악의 교훈도 없고, 희망과 긍정의 메시지도 없다. 글쓴이는 그저 감춰진 우리 현실의 민낯을 드러낼 뿐이다.

〈성냥팔이 소녀〉는 천국에서 사랑하는 할머니를 만나 따뜻한 가슴에 안겼지만 〈화갑소녀전〉의 소녀는 '화광 공장'에서 남자들의 음흉한 손길에 시달리고 열악한 작업 환경과 기계의 부속품으로 전락한 비루한 삶에 절망하다 스스로 목숨을 끊는다. 또 커다란 순무를 왕에게 바쳤다가 목숨을 잃은 농부의 어린 딸은 어째서 우리는 좋은 것, 큰 것, 다른 세상에서 온 것을 마땅히 황제에게 바치는 것을 법이라고 인식하고 살았느냐고 묻는다.

그렇다고 이 책이 잔혹 동화일까? 그렇지 않다. 주인공만이 오래도록 행복했다는 서사의 일반화된 양식에서 벗어나 가장자리에 선 존재에게도 말을 건네는 따뜻함이 흐르고 있다. 그래서 우리는 남자인 줄 알았던 동료가 공주로 밝혀지자 애잔한 사랑의 마음을 머리카락을 만져 보고 싶다는 소원으로 담아낸 거위지기 소년의 열망에 귀를 기울이게 된다.

 글쓴이는 이렇게 그들의 목소리를 듣게 하면서 성찰의 숙제를 안긴다. 이 세상 어디로 가도 중심이 아닌 이상 주변일 것이다. 하지만 최소한 자신의 처지를 명확하게 인식하고 있었다는 점에서 고통을 받아들이는 정도가 다르지 않을까.

 청소년 문학이라고 한정 짓기에 무척 아깝다. 비록 동화를 빌렸지만 인간의 상처와 근원적 외로움에 다가서면서도 현대적 감각을 바탕으로 한 변주를 통해 세태에 대한 비판적 관점을 보여 준 글쓴이의 역량이 돋보이기 때문이다. 그가 들려주는 동화의 변주곡에 모두 흠뻑 젖기를 기대하며 마지막 페이지를 넘긴다.

- 서평 팁 -

이 작품은 기존 동화를 빌려서 새롭게 변주한 것이 특징이다. 글쓴이가 어떻게 변주했는지 소개하면서 주제와 연결했다.

5.
여고생 미지의 빨간약
(김병섭·박창현 글, 양철북)

 빨간약! 기성세대가 정식 명칭인 '포비돈 요오드'보다 '아까징끼'나 '옥도정기'로 기억하는 약이다. 변변한 약을 갖추기 어려웠던 시절 넘어지거나 베었을 때 슥슥 바르면 끝이었다. 심지어 배탈이 났을 때 소화제 대신 배에 바르기도 했다. 이제는 잊힌 그 '빨간약'이 《여고생 미지의 빨간약》이란 단편 모음집으로 청소년에게 찾아왔다.

 단편소설은 일단 읽기에 부담이 없고, 하나의 사건과 장면을 통해 전달되는 단일한 효과를 중요시하여 그 안에 담긴 의미를 쉽게 찾아 오롯이 만날 수 있다. 그 일관된 통일성 때문에 청소년들은 말로 표현할 수 없는 감정이나 경험을 쉽게 드러내어 억압된 감정을 표출하고 자신의 문제를 객관화하여 새로운 시각으로 바라보게 된다.

 얼음공주 지원이가 부모의 이혼과 버려졌다는 상처로 굳어진 마음을 로봇과 인간의 사랑을 담은 레스터 델 레이의 〈헬렌 올로이〉를 통해 풀어 낸 것도, 단비가 성폭행당했던 아픔을 다자이 오사무의 《인간 실격》으로 치유한 이유도 그 이야기 속 인물이나 사건이 동일시 과정을 거쳐 말이나 행동으로 표출되어서다.

그리고 이 책은 통찰의 계단을 오를 수 있게 도움을 준다. 이응준의 〈레몬 트리〉는 중학생 때 왕따를 당해 반대쟁이가 된 혜민이에게 '다들 그렇게 사는 것처럼' 살지 말라는 응원의 메시지를 보낸다. 김경욱의 〈맥도날드 사수 대작전〉은 정리왕 수정이에게 구조 조정으로 사람들이 버려지고 믿음이 무너지는 현상을 기억하게 한다.

무엇보다 인문학이 어렵고 무겁다는 편견을 깰 수 있도록 도와주어 반갑다. 글쓴이가 토론 형식을 그대로 옮긴 이유도 자연스럽게 인문학과 친해지도록 하기 위한 장치다. 여고생들은 책 속의 사람이나 사건을 놓고 다양한 이야기를 쏟아 놓는다. 그러면서 엉겁결에 자신을 드러내기도 하고, 말다툼도 벌이면서 자신의 삶을 주도적으로 바라보는 단계에 이르게 되는 특별한 경험을 한다.

책 속에는 아침에 일어났더니 벌레가 되었다는 황당무계한 고백도 있고, 옛날이 그립지만 현재에 머물러 있다는 안타까운 독백도 있다. 누군가는 타클라마칸 사막에서 구조를 기다리고, 누군가는 복장 검사를 받으려고 교문 앞을 서성인다. 누군가에겐 일상인 일이 절실한 희망이라는 사실을 알려 주면서 자신과 타인 나아가 전체 세계를 바라보는 시선을 깊게 하고, 사랑할 수 있는 사람으로 성장하도록 기회를 주는 것이 바로 이 책이다.

빨간약이 어디에 있을까? 그 약은 프란츠 카프카의 《변신》일 수도 있고, 김소진의 《자전거 도둑》일 수도 있다. 하지만 그 옛날 빨간약이 만병통치약이었듯, 소설은 자기의 마음새에 따라 매번 새롭게 다가올지 모른다. 이 책을 통째로 가져야 하는 이유다.

- 서평 팁 -

청소년에게 낯선 '빨간약'이 글의 중심이다. 이 개념을 설명하고 자연스럽게 이어지게 썼다.

6.
겨울뿐인 미래
(소피 크로켓 글, 살림FRIENDS)

일어날 것 같지 않은 일이 현실이 되었다. 어떤 사람은 자동차 때문이라고 했고, 어떤 사람은 자연적인 현상이라고 했다. 그게 뭐가 됐든 기온은 올라갔고, 북극과 남극의 얼음이 녹아 바다로 흘렀다. 그리고 눈이 끊임없이 내려 모든 걸 덮어 버렸다. 이제 사람들은 살아남으려고 버거운 몸을 움직인다.

《겨울뿐인 미래》는 대재앙을 암시하거나 암울한 미래를 그리는 데 머무르지 않고, 무엇에 의지해 어떤 식으로 살아남을지에 대한 고민을 담았다. 글쓴이는 SF, 환경소설, 종말 문학, 성장소설, 로맨스 등 다양한 장르적 재미를 오밀조밀하게 잘 섞어 최상의 조합으로 만들었다. 그 조합이 어느 것 하나 도드라지거나 처짐이 없이 팽팽해서 그저 놀랍다.

월로네 가족은 이탈자다. 빙하기를 이용해 모든 권력과 경제적 이익을 차지한 정부와 '안펙'이라는 기업에 의지해 살기를 거부했기 때문이다. 그들이 산속에 숨어 사냥이나 농사로 먹을 것을 구하고 필요한 물건을 직접 만들어 생활하는 것을 좋아할 리 없다. 결국 월로를 제외한 사람들이 끌려가고, 그는 가족을 찾고 밀고자를 응징하기 위한 길을 떠난다.

 그의 여정은 '집 나가면 개고생'이라는 말과 '고생해야 진짜 어른이 된다'라는 말을 온몸으로 보여 준다. 어린 나이에 고문으로 죽음의 문턱까지 가니 얼마나 힘들었을까. 물론 처음부터 영웅적인 면이 있지는 않았다. 그는 가족이 붙들려 가는 걸 숨어서 보기만 했고, 죽어 가는 아이들을 외면한 채 자기 길을 떠나기도 했다. 도대체 어떤 불가사의한 힘이 그 마음을 풀었을까.

 첫 번째 답은 그의 마음 안에 사는 미친개다. 사람은 비정상적이고 불안한 상황이 닥쳤을 때 이성을 버리고 본능에 의지해 목숨을 부지하는 방법을 선택한다. 미친개는 그런 비극적인, 위급한 상황에서도 꼭 지켜야 할 가치를 의미한다.

 두 번째 답은 손이다. 그는 덫으로 사냥했고, 직접 옷과 신발을 만들었다. 그 능력은 빈민촌에서 시민증을 얻는 통로가 되었고, 삶의 터전을 일구는 동기가 되었다. 남의 힘을 빌리면 자기 힘은 약해진다는 말이 있다. 우리는 손을 움직여 뭔가 만들어 내는 일을 귀하게 여기는 세상에서 멀어졌다.

 세 번째 답은 낙관주의이다. 그의 아버지는 희망을 이야기하면서 그 선물을 아이들에게 물려주어야 한다고 했다. 바닥에 섰으면 위를 보고, 끝은 새로운 시작과 연결된다는 의미다.

한 편의 할리우드 블록버스터를 연상시키는 거대한 세계관과 치밀한 서사가 압권이라는 출판사의 설명은 결코 빈말이 아니다. 어느 해보다 잦은 비가 심상치 않은 겨울, 자꾸 이 책에 눈길이 간다.

- 서평 팁 -

대재앙을 다룬 소설을 소개하기 전 현재 우리 상황을 설명했다. 그리고 블록버스터인 특징을 몇 가지 나열했다.

7.
요즘것들 사전
(권재원 글, 우리학교)

    단순히 '열폭'이나 '답정너', '꿀잼' 등의 뜻풀이가 궁금하다면 인터넷으로 쉽게 답을 얻을 수 있다. 《요즘것들 사전》은 그들의 말로 세상 읽기가 가능하다. 재미 삼아 쓰는 것 같지만 의외로 아프고 슬픈 혹은 위험한 기원과 의미가 있는 여러 말을 비판적으로 검토해서 세상을 바라보는 창으로 사용하자는 게 글쓴이의 뜻이기 때문이다.

    어른들은 '요즘것들'의 말을 이해할 수 없다고, 우리말을 파괴한다고 꾸짖는다. 하지만 그 어른들 역시 청소년기에는 어른들이 알아들을 수 없는 자기들만의 말을 사용했다. '교투'(교문 투쟁)나 '언더'(지하 모임) 같은 운동권 은어도 등장했고, '옥떨메'(옥상에서 떨어진 메주) 같은 외모 지향 은어도 많았다.

    청소년이 새로운 말을 만들어 쓰는 게 특별히 이상한 일도 아니고, 야단맞을 일은 더욱 아니다. 오히려 '요즘것들'이 어떤 상황에서 이런 말을 만들었는지, 그렇게 된 배경에는 무엇이 있는지 알아 달라고 요구해야 한다. 그들의 말에는 요즘 세상이 들어 있어서 그 말이 바로 세상을 읽어 내는 키워드인 셈이다.

이제는 일상어인 헬조선은 지옥을 뜻하는 영어 헬(Hell)과 일제 강점기 때인 조선을 합성한 말이다. 북한의 국호가 조선이라는 점도 영향을 미쳤다. 어쩌다가 우리나라가 헬조선이 되었을까. 젊은 세대는 엄청난 학비를 들여 대학을 나와도 정규직으로 취업하기 어렵고, 기성세대는 제대로 된 노후 준비를 하지 못한 채 노년을 맞아야 한다.

단순히 살기 어려워서가 아니라 변화의 여지를 찾을 수 없다는 절망감이 더 큰 탓은 아닌지. 단테가 묘사한 지옥의 문에는 "모든 희망을 버려라, 이곳에 들어오는 그대여."라는 문구가 새겨져 있는데, 반복되는 벌을 받으면서 끝없이 머물러야 하기에 그곳이 지옥이듯 미래가 불투명하고 꿈을 가질 수 없기에 우리나라가 헬조선이라는 것이다.

그럼 벗어날 방법은 없을까. 글쓴이는 사르트르의 희곡 〈닫힌 방〉을 실마리로 가져온다. 평소 자신의 내면을 들여다보지 않는 사람들이 서로에게 지옥이 되어 버리니 끊임없는 성찰을 통해 자신을 바로 세우며 살아야 어떤 타인과 마주하고 있어도 그 상태를 지옥으로 느끼지 않을 거란 충고다. 물론 가장 좋은 방법은 지옥 그 자체를 개선하는 것이므로 능동적인 행동을 하는 것도 필요하다는 말을 덧붙인다.

이처럼 그는 단어의 뜻풀이에서 출발하여 역사적, 사회적 맥락을 두루 살핀다. 철학과 정치, 예술을 아우르는 다채로운 이야기가 가득한 이유가 여기에 있다. 그래서 가볍게 들었다가 자세를 바로 잡게 되고, 설렁설렁 넘기려다가 밑줄을 긋기 위해 펜을 찾게 된다. 요즘것들은 물론이고 어른들도 읽어야 한다는 게 결론이다.

- 서평 팁 -

이 작품은 과거와 현재 단어를 비교해야 내용과 주제 파악이 가능하다. 그래서 각각의 개념을 실어 이해의 폭을 넓히게 했다.

8.
한홍구의 청소년 역사 특강
(한홍구 글, 철수와영희)

"4.19가 왜 실패했는가. 이 묘지에 와 보면 답이 딱 나온다. 여기 죽어 누워 있는 사람들을 보면 열네댓 먹은 여중생부터 잘해야 스물서넛 먹은 대학생들뿐이다. 이 아이들에게 민주주의가 어떻고 자유가 어떻고 떠들었던 지식인, 교수, 목사, 변호사, 언론인 중 단 한 명도 아이들과 함께 누워 있지 않다."

유신 체제를 반대하다 의문사를 당한 고 장준하 선생이 쓴 글이다. 교과서에 실린 4.19 혁명의 평가와 달라 당황스럽다. 4.19 혁명은 독재 정권을 퇴진시킨 민주주의 혁명으로 민주화 운동의 효시라고 되어 있기 때문이다. 그렇다고 장준하 선생의 뜻을 오해할 건 없다. 학생과 시민이 어렵게 얻어 낸 민주주의의 씨앗을 정치가 끝내 꽃피우지 못한 아쉬움을 돌려서 표현한 것일 뿐이니.

이렇게 《한홍구의 청소년 역사 특강》은 교과서에 나오지 않는 근현대사 이야기로 꽉 차 있다. 특히 이 책은 일반적인 역사책처럼 시대순으로 정리하지 않고 학교나 입시, 두발 규제와 군대 등 청소년이 현실에서 늘 맞닥뜨리는 문제를 엮어 자연스럽게 역사와 이어지도록 구성해 눈길을 끈다.

그는 역사가 따로 있어 청소년이 그 문을 열고 대면하는 게 아니라고 생각한다. 역사는 자신들이 겪고 있거나 곧 겪게 될 문제들 속에 항상 있으므로 자기 눈으로 세상과 역사를 바라보는 힘을 키워야 한다고 말한다.

예를 들어 공부 스트레스가 옛날에는 없었을까. 그들은 공정한 경쟁을 했을까. 국가시험은 왜 만들었을까. 과거 우리나라는 신분제 사회였다. 이후 다양한 곳에서 일할 사람이 필요해 만든 게 바로 과거제도다. 초기엔 귀족의 반발이 심했고 조선시대에 겨우 정착하나 싶었는데 이번에는 특권층이 걸림돌이다. 이들이 벌인 권력 다툼이 당쟁이니까 옛날이나 지금이나 도긴개긴이다.

글쓴이는 현재를 드러내고 내일을 어떻게 살 것인가, 너의 생각을 그려 보라는 숙제를 준다. 청소년이 앞으로 해야 할 몫은 학교 가는 길을 즐겁게 만드는 일이다. 나이 차별이나 군대, 노동의 역사도 마찬가지다. 청소년은 그런 변화를 이끌어 갈 힘이 있다. 부디 이 책을 통해 그 힘을 키워 나가길.

한 권의 책으로 생각을 바꾸는 건 쉽지 않다. 잘 어울린다며 즐겨 입은 옷을 어느 날 갑자기 버려야 한다고 하면 쉽게 벗을 사람이 누가 있을까. 그런데 아니다 싶으면, 잘못됐구나 싶으면 과감히 버리는 용기도 필요하다. 이 책을 읽고 지금까지 알던 것이 진실인가 의심해 보길 바란다. 역사는 거기에서 시작한다.

- 서평 팁 -

기존 역사책과 차별화된 점이 무엇인지 살펴보았다. 장준하 선생의 말에 주제가 담겼다고 생각해서 처음에 넣었다. 가끔 따옴표는 의도를 전달하는 데 효과적이다.

9.
아직도 마녀가 있다고?
(이경덕 글, 사계절)

'마녀'라고 하면 빗자루에 앉아 망토를 휘날리며 하늘을 날아다니는 모습을 떠올린다. 사악한 눈빛을 번득이며 주문을 외우는 나쁜 여자. 그런데 그런 마녀가 정말 살고 있었다. 사악한 여자가 아니라 가엾은 여자로.《아직도 마녀가 있다고?》는 시대의 희생양이 되었거나 선악이라는 이분법 때문에 마녀로 낙인찍힌 수많은 약자의 목소리를 담았다.

첫 번째 마녀 마농은 1351년 프랑스에서 살았다. 전쟁과 질병으로 지옥 같은 삶을 견뎌야 했던 사람들은 주술로 위안을 받았다. 주술이나 종교 둘 다 신이나 정령을 통해 문제를 해결하는 점은 같지만, 주술은 신이나 정령을 '활용'해서 문제를 해결하고, 종교는 신을 '숭배'해서 문제를 해결하는 점이 다르다. 마농은 그 신산한 삶을 위로하다 오히려 원인 제공자로 몰려 희생당한 가엾은 여인이다.

이렇게 시작된 마녀사냥은《마녀의 망치》라는 책이 출간되며 본격적으로 벌어진다. 이 책은 마녀사냥을 뒷받침하는 논리와 이념뿐 아니라 마녀를 가려내는 법과 심문하는 방법, 사법적 절차까지 자세히 담았다. 마녀를 찾는 건 '그렇더라'는 소문만 있으면 끝. 죽음이 은총이라고 여길 만큼 혹독한 고문을 해서 억지로 자백을 받아 냈다.

남자도 예외는 아니라서 갈릴레오 갈릴레이가 종교 재판에서 지동설을 포기하지 않았다면 그도 화형당했을 거다. 그보다 먼저 지동설을 주장했던 조르다노 브루노는 의견을 굽히지 않아 결국 화형대에서 목숨을 잃었다. 중세 사람들을 광기로 몰아넣은 논리는 무엇이었을까.

글쓴이는 종교적 진리가 절대성을 바탕으로 한 것에 답을 찾는다. 검은 백조가 발견되면 과학은 그 사실을 인정하지만, 종교는 그 백조를 죽이거나 검은 백조를 하얀 백조라 우기려고 들기 때문이다. 마녀사냥도 절대성을 앞세워 규정하는 독선적인 태도가 폭력으로 이어진 거다.

그리고 선악의 이분법을 원인으로 본다. 남자와 여자, 밤과 낮으로 나누는 단순한 이분법은 세상을 또렷하게 이해시켰다. 하지만 누군가를 악마로 규정하며 자기들이 속한 사회나 공동체를 단결시키는 효과를 얻게 했다. 이런 생각과 차별은 자연스럽게 이어져 인종 차별, 소수자에 대한 차별 등의 문제를 일으켰다.

이쯤 되면 마녀가 과거에만 존재한다고 보기 어렵다. 관동대지진

때 많은 조선인이 학살된 이유는 사회에서 발생한 혼란을 떠넘길 희생양이 필요해서였고, 냉전 때 미국에서 매카시즘 공포가 덮친 배경은 권력을 가진 사람들이 반공이라는 이념을 토대로 그 권력을 유지하려고 했던 탓이다.

알면 달라진다. 역사적 사실과 적절히 꾸민 이야기로 생각의 폭을 넓히고, 힘이 없거나 소수인 사람을 껴안게 만들어 반갑다. 아직도 마녀가 있냐는 물음에 아니라고 크게 대답하는 그날이 어서 오기를.

- 서평 팁 -

'마녀'의 편견으로 글을 시작했다. 아울러 기록으로 남은 마녀사냥을 예로 들어 마음을 움직이게 했다. 정확한 기록이 있다면 그걸 옮겨 도움을 받는다.

10.
가거라 용감하게, 아들아!
(박홍규 글, 들녘)

"죽은 자가 산 자의 마음속에 묻히지 않을 때, 그는 참말로 죽고 만다."

3.18 사건으로 무고한 제자가 희생되자 루쉰이 외친 말이다. 3.18 사건은 우리나라의 5.18 민주화운동을 연상시킨다. 당시 열강의 내정간섭에 분노한 학생과 시민이 항의 집회를 열었는데 중국 정부가 시위대에 총을 쐈았다. 루쉰은 이처럼 권력에 복종하지 않고 끝까지 저항해야 한다는 신념을 행동으로 옮긴 지식인이었다.

그는 우리나라에서 유명한 작가 중 한 명으로 꼽힌다. 《아Q정전》이나 《고향》 등의 작품이 꾸준히 읽히고 관련 논문도 쉽게 찾을 수 있다. 그럼 《가거라 용감하게, 아들아!》는 기존에 출판된 책과 뭐가 다를까? 글쓴이는 그를 단순히 사회주의자나 민족주의자, 동양주의자로 보지 않고 오히려 변화무쌍한 발자취를 남긴 자유로운 영혼이라고 부른다.

루쉰은 중국을 중국인의 시선에서 깊이 비판하고 통찰한 사람이다. 그는 중국인에게 가장 부족한 것은 진실과 사랑이며, 그 원인은 다른 민족에게 노예 생활을 한 탓이라고 여겼다. 그러곤 변발을 잘라 버렸는데 그 당시 청나라는 만주족이 세웠기 때문에 목숨을 건 행위였다. 게다가 《광인일기》에서 유교의 폐해를 폭로하며 '식인(食人)'으로 빗대어 표현하기도 했다.

이처럼 혁명가인 모습은 여러 '잡문'으로 확인할 수 있다. 특히 그가 지식인의 허위의식을 꼬집은 부분이 눈길을 끈다. 그는 말이나 글로 아첨하는 것을 비판하면서 자신이 쓰는 글대로 살려고 했다. 중국 최초의 구어체 현대 소설을 쓴 것도 군더더기를 용납하지 않고 고상한 문어체의 글을 싫어한 까닭에서다.

그렇다고 마냥 강퍅하기만 했을까. "문학의 첫 번째 자격은 유머다."라고 말했듯 웃을 수 있는 작품을 남겼고, 사상이나 생활의 부족한 면을 있는 그대로 드러냈다. 우리가 그런 루쉰에게 인간적인 매력을 느끼는 이유는 자신의 한계를 인정하고 끊임없이 노력했기 때문이다.

글쓴이는 왜 그를 서양의 몽테뉴나 톨스토이에 견줄 동양의 모럴리스트(Moralist, 인간성과 인간이 살아가는 법을 단편적인 글로 표현한 문필가)로 생각했을까. 루쉰은 서재의 글쟁이가 아니라 거리의 행동가였다. 공자와 장자, 묵자에게 비판의 목소리를 낸 사람, 자식의 아버지가 아닌 '인간'의 아버지가 되라고 한 사람, 그가 루쉰이다.

"너희들은 나를 발판으로 삼아 높고, 멀리 나를 뛰어넘어 앞으로 나아가야 한다. 죽어 넘어진 어미를 먹어 치우면서 힘을 기르는 새끼처럼 힘차고 용감하게, 나를 떨쳐 버리고 인생의 길로 나아가거라. 가거라, 용감하게!"

- 서평 팁 -

우리가 익히 아는 사람을 담을 때는 차별성을 살려야 의미 있는 서평이 된다. 루쉰의 이면을 보여 주려고 쓴 글이다.

11.
세상을 바꾼 건축
(서윤영 글, 다른)

  이번 여름에 해외여행을 다녀왔는지? 다녀왔다면 무엇을 보았는지 떠올려 보자. 거의 유명한 건축물 아닐까. 그 건축물의 공통점을 시대별로 정리하고 그 이면에 숨겨진 논리를 권력의 이름으로 푼 책이 있다. 바로 《세상을 바꾼 건축》이다.

  글쓴이는 역사와 건축의 역사를 따로 생각하지 않는다. 그는 건축을 인류 역사의 하위 갈래, 즉 인류 역사 속에서 탄생한 하나의 지류라고 본다. 왜냐하면 건축물은 그 당시 지배층의 철저히 계산된 논리에 의해 탄생했으니까. 건축물만 제대로 알아도 역사를 이해할 수 있다는 말인데, 정말일까.

  일단 고대 사회를 들여다보면 그들은 신들을 위한 건축을 많이 남겼다. 이집트는 왕이 곧 신이므로, 피라미드는 그 왕이 죽어 하늘로 올라가는 곳이자 신이 된 왕이 땅으로 내려오는 곳이었다. 반면에 메소포타미아는 왕을 신과 인간의 혼혈로 여겼다. 그래서 왕은 지구라트라는 신전을 지어 무녀들을 머물게 한 뒤 혼례를 치러 정통성을 유지하려고 했다.

도시 국가인 그리스는 권력 유지를 위해 수호신을 두고 신전을 지었다. 따라서 그리스의 신전은 그 도시의 수호신이 머무는 곳이자 사회 전체를 통합하는 역할을 했다. 조선의 종묘도 마찬가지라서 당시 사람들은 왕이 죽으면 그 나라의 호국신이 된다고 믿었다. 그래서 그곳은 왕의 신주를 모신 사당인 동시에 조선의 수호 신전 역할을 했다.

이후의 건축물도 권력이 만들었거나 권력을 만든 건축임을 알 수 있다. 화려한 외양은 비슷해 보여도 독일의 호엔촐레른성은 이민족의 침입에 대비한 요새의 성격을 지녔고, 프랑스의 베르사유궁전은 국가 권력을 드러내는 과시의 기능을 띤 건축물이다. 글쓴이는 이렇게 하나의 건축만 보면 알 수 없는 단서가 역사라는 큰 그림을 놓고 보면 퍼즐처럼 딱 들어맞는다고 이야기한다.

더구나 이 책은 현재를 건드리고 미래를 상상하게 만들어서 더 끌린다. 현대 건축은 민중을 위한 건축이다. 일자리를 찾아 도시로 몰려든 노동자를 위한 주거 목적으로 만들어졌기 때문이다. 미래의 건축은 하늘을 향해 치솟고 있는 고층 빌딩으로 짐작할 수 있다. 그런 건물을 지을 수 있는 자본이 곧 권력이니까.

게다가 책에 담긴 깨알 같은 팁을 읽는 재미도 쏠쏠하다. 백화점은 상품을 판매하는 곳이라서 철저히 이윤을 따져 층별 구성을 한다. 아파트 모델하우스도 아파트라는 상품을 팔기 위한 일종의 미끼 상품이라 우리가 눈치채지 못하는 비밀을 여기저기 감추고 있다. 이렇게 알면 알수록 재미있는 것이 건축이다.

세계사를 배우는 길은 다양하다. 시대의 흐름을 읽거나, 중요한 사건을 기억하거나 아니면 거꾸로 보거나. 고대부터 현대까지 인류 역사에 등장한 동서양의 건축물을 살펴보며 유유히 걷는 건 어떨까. 분명 즐겁고 색다른 책 읽기가 될 것이다.

- 서평 팁 -
이 글은 책과 계절을 연결해서 시작했다. 이렇게 특정 계절이나 사건을 연결해서 시작하면 참신하다.

12.
대논쟁! 철학 배틀
(하타게야마 소 글, 다산초당)

《대논쟁! 철학 배틀》은 여느 철학 분야의 책과 다르다. 일단 글쓴이가 전문 철학자가 아니다. 그는 정치철학이 전공인, 현재 일본 입시 학원에서 윤리와 정치경제를 가르치는 강사다. 그의 이력만 보고 신뢰를 깎아내리고 싶겠지만 그런 걱정은 기우다. 헤겔의 변증법과 마르크스의 유물론 등을 청소년의 눈높이에 딱 맞게 풀어놓는 걸 보면 단점이기보다는 장점이다.

표지도 만화책을 연상시킨다. 혹 낡이는 걸 걱정할 수도 있지만 크게 염려하지 말자. 실물에 가까운 캐릭터는 끝까지 읽도록 부추기고 쟁점을 뒷받침하는 근거가 페이지마다 실려 어느 쪽을 읽어도 건질 게 있기 때문이다. 한 번쯤 들은 적 있는 "신은 죽었다."가 어떤 맥락에서 나온 말인지 알면 언젠가는 유용하게 쓰이지 않을까.

이 책의 좋은 점은 사상가들이 현실과 맞닿는 문제를 놓고 논쟁을 벌이는 흥미진진한 구성이다. 아리스토텔레스는 빈부격차를 능력에 따른 배분이라고 했지만, 마르크스는 자본가의 착취로 생겨난다고 했다. 애덤 스미스는 개인의 이기심에 기초한 이익 추구는 사회 전체의 이익이 된다고 했지만, 롤스는 기회의 균등과 구제 시스템이

기능해야 한다고 목소리를 높였다.

그럼 37인의 사상가들은 자유는 정말 필요한지, 소년 범죄를 엄벌로 다스려야 하는지, 살인은 절대 악인지 등에 대한 정답을 바로 주었을까. 아쉽지만 당연하게도 그런 친절은 베풀지 않는다. 진행자인 소크라테스는 음미하지 않는 삶은 가치가 없다고 말했다. 철학은 어떤 주장에 대한 근거를 생각하거나 가치를 판단하는 것이니까 스스로 '왜 그럴까?' 물어보란다.

그들의 주장을 쭉 따라가다 보면 어느 순간 '그건 아닌데요.'라고 불쑥 끼어들고 싶은 마음이 들 거다. 글쓴이도 처음에는 자기 자신, 다음에는 타인과 대화를 나눠서 떠오르지 않았던 발상도 생겨나고, 서로 자극을 주고받는 가운데 더욱 좋은 아이디어가 나온다고 했다. 진행자는 조금 당황스럽겠지만 그만큼 자기의 생각이 단단해진 거니까 마음껏 자랑스러워할 일이다.

이렇듯 철학은 삶을 살아갈 힘을 준다. 그동안 생각하지 않거나 다른 사람의 생각에 의지해 살아서 그 힘이 약해졌다면 이 책을 읽고 힘을 기르자. 다양한 사고를 접하고 자기만의 가치 기준을 만든다면 더 이상 휘둘리지 않고 잘 걸을 수 있다.

- 서평 팁 -

글쓴이의 이력과 표지 디자인, 내용의 구성이 특별한 점을 강조했다. 글쓴이가 전문 작가가 아닌 경우 언급해 준다.

13.
소년은 침묵하지 않는다
(필립 후즈 글, 돌베개)

덴마크에는 제2차 세계대전 당시 히틀러에 맞선 소년 레지스탕스가 있다. 바로 처칠 클럽. 그들은 귀가 시간 때문에 대낮에 활동을 벌였다. 만약 옆에 있는 청소년이 미덥지 못하다면《소년은 침묵하지 않는다》를 읽자. 평화로울 때는 아이들이 부모를 묻지만 전쟁 중에는 부모가 아이들을 묻는다는 격언에 기대어 그들을 새로운 눈으로 바라보게 될 거다.

우연히 덴마크로 여행을 떠난 글쓴이는 독일군이 그곳을 점령했을 때 격렬한 저항을 받을 걸로 예상했다. 그런데 덴마크 정부는 자국민 보호라는 명분 아래 몇 시간도 안 돼서 항복했고, 그런 정부가 부끄러웠던 몇몇 십 대들은 그들만의 전쟁을 벌이기 위해 나섰다.

무기도 없고 있다고 해도 다를 수 없었던 그들은 타고 다니던 자전거를 무기로 삼았다. 첫 번째 공격 대상은 도로 표지판이었다. 막사와 사령부를 쉽게 찾을 수 있도록 독일인들이 새로 세운 거였다. 그런 표지판을 쓰러뜨리거나 비틀어 정반대 방향으로 향하도록 만들었다. 두 번째 공격 대상은 독일군 사령부와 그들이 잠자는 숙소를 잇는 전화선이다. 몇 주 동안 이 선들을 끊고 또 끊었다.

 이들의 행동은 곧 대담해져 방화와 독일군의 주요 자산 파괴는 기본이고 심지어 기관총까지 훔쳐 무기고를 이뤘다. 심지어 이들은 정식 지휘 체계가 없었다. 지도자를 임명하기엔 다들 질투가 너무 심했던 탓이다. 계획을 잘 세워 놓고 추진한 게 아니라 일을 해 나가면서 작전을 짰고, 가끔은 운에 맡기기도 했다. 이렇게 허술한 조직으로 24회 이상 의미 있는 공격을 감행했다니.

 그들은 질투하는 중에도 서로를 믿었고, 저항하려는 용기를 덴마크에 퍼뜨려야 한다는 임무가 하나로 묶어 준다고 믿었다. 실제로 그들의 수감 소식은 큰 반향을 일으켰다. 물론 비판의 목소리도 있었지만, 적군에게 나라를 넘겨준 정부에 비하면 아무것도 아니라는 자성의 목소리가 더 높았다. 학생들 연대가 연이어 생겼고, 유대인을 중립국 스웨덴으로 피신시키려는 작업이 진행되었다.

 마침내 전쟁이 끝나고 짧게는 1년 6개월, 길게는 3년의 수감 생활을 한 소년들은 윈스턴 처칠을 직접 만나는 영광을 누린다. 그때 그들이 받은 초청장에는 덴마크의 가장 암울한 시기에 욕을 먹기도 하고 칭송을 받기도 한 그것, 남은 평생을 긍지와 함께 지고 갈 이름 '처칠 클럽 단원'이 쓰여 있었다. 이후 가장 잔인한 시대를 살아낸 이름에 걸맞게 열정을 다해 삶을 살아간다.

이 책에는 영웅도 위인도 없다. 조금 전까지 웃고 떠들던 친구가 히틀러의 사진을 짓밟고 장교의 주머니에서 권총을 훔쳤다. 기술 수업을 싫어하고 솜씨가 없다고 구박받던 친구가 박격포탄을 분해했고. 그들이 해냈듯 우리 청소년도 할 수 있다. 그저 내면에 숨겨진 열정을 발견하지 못했거나 아직 움직이지 않고 있을 뿐. 또래가 들려주는 이야기가 그들이 열정을 꺼내는 데 응원가가 되어 주기를 바란다. 청소년 마주 보기가 부끄럽지 않은 기성세대가 되는 게 먼저겠지만 오늘은 그들을 신뢰하고 싶다.

- 서평 팁 -

'처칠 클럽'과 그들이 어떤 활동을 했고 어떤 의미가 있는지 풍부하게 곁들였다.

14.
셰익스피어, 대학로에서 연극을 보다
(권오숙 글, 탐)

"이 세상은 하나의 무대 그리고 모든 남녀는 배우일 뿐 저마다 등장할 때와 퇴장할 때가 있고 한 사람은 여러 역을 맡게 되지."

셰익스피어가 쓴 희곡 〈좋으실 대로〉에 나오는 대사다. 셰익스피어란 이름은 몰라도 "약한 자여 그대 이름은 여자이니라!", "사느냐 죽느냐 그것이 문제로다."라는 명언은 들어 보았을 것이다. 만약 《셰익스피어, 대학로에서 연극을 보다》를 잘 읽는다면 앞으로 이 대사가 삶의 지표가 되지 않을까.

윌리엄 셰익스피어, 영국이 낳은 위대한 작가. 《햄릿》 등 4대 비극과 《베니스의 상인》 등 5대 희극을 쓴 사람이다. 유네스코가 지정한 '세계 책의 날(4월 23일)'이 그와 세르반테스가 서거한 날이다. 여기까지가 그에 대해 아는 전부거나 일부라면 이제 글쓴이가 안내하는 대로 그 당시 배경과 작품의 특징, 셰익스피어가 제시한 통찰과 철학 등을 익혀 제대로 읽기에 도전해 보자.

이야기는 셰익스피어가 400년 후 어느 연극 연출가 앞에 나타나면서 시작된다. 38편의 희곡을 쓴 그에게는 자연스러운 등장이다. 그는 자기가 몇백 년 후에 세계적인 작가가 되었다는 걸 알고 놀란다. 연극을 보러 온 청중을 위해 재밌는 대본을 쓴 대중 작가, 요즘으로 치면 인기 있는 TV 드라마 작가 정도였으니까. 그는 과대 포장된 걸까.

아니다. 그는 심한 검열과 열악한 공연 환경을 극복하면서 미치광이나 광대 등의 입을 빌려 사회를 꼬집거나 풍자한 사람이었다. 신화와 역사책에서 이야기를 가져왔지만 그대로 사용하지 않고 자유롭게 혼합하고 재배치해서 새로운 작품으로 만들어 냈고, 권력이나 재물을 향한 욕망에 휘둘리는 다양한 인간 군상을 그려 냈다.

그는 연극을 우리의 삶을 비춰 주는 거울로 보았다. 더불어 인간을 주어진 배역을 하다 사라지는 배우와 같다고 여겼다. 햄릿은 오필리아의 무덤을 파고 있는 광대를 보며 이런 생각을 한다. 추적하다 보면 결국 알렉산더대왕의 존엄한 유해도 술통 마개가 되고, 줄리어스 시저의 유해도 한겨울의 찬 바람이 들어오는 바람벽을 막는 흙덩어리밖에 더 되었겠냐고. 삶을 한없이 가벼이 여기는 것 같지만 자기를 다스리며 잘 살아가라는 셰익스피어의 생각이 들린다.

그의 작품 속 인물이 선과 악이라는 양면적 속성을 지니고 시간과 환경에 따라 변하는 존재로 그려진 것은 이유가 있다. 그는 무대와 배우의 연기를 설명하는 무대 지시문을 거의 쓰지 않았다고 한다. 맡은 역을 어떻게 풀어 내느냐는 오로지 배우의 몫에 달렸다는 뜻이다. 누구나 자기의 삶에서 주인공이므로 우리는 모두 대본을 손에 든 배우다. 무대를 휘젓든 무대 밖으로 내팽개쳐지든 자기의 몫이니 한번 제대로 놀아 보는 건 어떨까.

- 서평 팁 -

셰익스피어를 모르는 사람은 드물다. 그럼에도 이 책을 왜 읽어야 할까. 그 특별함을 고민하며 썼다.

15.
자, 살자
(케이트 본스타인 글, 이매진)

    자살하려는 사람이 책 한 권을 읽었다고 쉽게 마음을 바꾸진 않을 것이다. 하루 38명이 자살하는 나라, 경제협력기구 국가 중 12년 연속 자살률 1위의 불명예를 안고 있는 나라, 청소년 자살률 1위의 나라. 글쓴이는 이 책에 자살 대신 할 수 있는 여러 가지 다른 행동을 담았다.

    그의 이력은 자못 화려하다. 여성과 남성이라는 성의 규칙을 위반한 트랜스젠더의 삶. 퀴어 영화제에서 상영된, 정체성의 혼란과 싸우면서 잔혹한 세상과 맞닥뜨려야 했던 시간은 고난 그 자체다. 그래서 자살 대신 할 수 있는 101가지에 귀가 솔깃해진다.

    101가지 방법은 난이도와 안전성, 효율성과 도덕성에 따라 달라진다. 예를 들어 모든 면에서 가장 좋은 등급을 받은 건 심호흡하며 자기 몸 어루만지기다. 우리의 몸은 기적 그 자체이며, 잘 돌볼 때 근사한 기분을 돌려주고 진실을 말해 주니까. 이 밖에도 시간 죽이기, 숲속 산책하기 등 쉽게 할 수 있는 방법이 나와 있다.

물론 무작정 굶기나 죽음하고 밀당하기 같은 위험하고 효율성이 떨어지는 방법도 있다. 얼핏 자살을 부추기는 것 같은데 그는 굳이 죽음을 불러야 한다면 단계를 밟으라고 조언한다. 우선 죽음을 잘 연구하고 그다음 맘껏 웃으라고 말이다. 만약 죽음이 밀당에 응답하지 않는다면 이제 삶을 상대로 새로운 밀당을 시작하는 일만 남았다.

이 책은 자살을 생각하는 사람만 유용하진 않다. 그는 세상이 아웃사이더와 무법자, 괴짜와 퀴어, 죄인이 있어서 더 건강해진다고 본다. 그런 차이를 견디거나 수용하지 말고 기쁘게 받아들이자고 하는데 그 시작은 그런 차이를 아는 것에서 비롯되니 일단 다양한 사람을 만나야 하지 않을까.

게다가 그가 제시한 방법 중에는 삶을 더 순한 눈빛으로 바라보고 천천히 걸어갈 여유를 줄 수 있는 게 많다. 삶을 더욱 가치 있게 만들려고 여행 중이라는 그가 그 긴 시간의 경험으로 풀어 낸 선택지를 굳이 마다할 이유는 없다. 우리 모두 스스로 허락한 삶을 살아 내기 위해 지난한 길을 걸어가고 있으므로 이 책에 담긴 어느 한 구절이 결정적인 순간 빛을 발할지 모를 일이다.

- 서평 팁 -

책과 관련된 우리나라 자살 통계 자료를 넣었다. 내용을 이해할 수 있는 자료를 넣으면 자연스럽게 이야기가 이어지는 효과가 있다.

16.
고중숙 교수의 과학 뜀틀
(고중숙 글, 궁리)

청춘의 상징인 여드름. 이 여드름의 해결 방법으로 《고중숙 교수의 과학 뜀틀》은 열린다. 여드름처럼 청소년의 삶에서 과학을 뗄 수는 없다. 그런데 그런 과학을 어렵고 힘들다고 생각하거나 전문 분야로 취급해 거리를 두기 쉬웠다. 이 책엔 대학생과 어린 영재에게 과학과 수학의 여러 주제를 전수해 온 글쓴이의 경험이 잘 녹아 있다.

우리는 학교에서 과학을 과목별로 공부했다. 그러다 보니 전체적인 이해의 틀을 갖추는 데 오랜 기간이 걸렸고, 성인이 된 후에도 흥미로운 주제만 찾느라 파편적인 지식만 얻는 데 그치곤 했다. 그런 의미에서 이 책은 과학의 기본이 되는 이론과 역사를 씨줄과 날줄 엮듯 잘 엮어 마치 전망대에서 내려다보듯 넓은 시각을 갖게 한다.

예를 들어 구석기부터 현대까지 과학 지형도 연표를 한눈에 볼 수 있도록 담았다. 이 연표를 보면 수학을 포함한 과학의 발전 과정을 누구나 쉽게 이해할 수 있다. 더불어 과학의 발전에 혁혁한 공을 세운 사람의 이야기를 자세히 넣었고, 그들이 서로 영향을 주고받으며 시대를 이끌어 왔음을 알게 해 준다.

기본을 단단히 하는 동시에 깊이 있게 하려는 의도는 '단위'에서도 엿볼 수 있다. 청소년이 쉽게 다가가도록 진시황의 도량형 통일과 프랑스 혁명 이후 도입된 미터를 예로 들었고, 각 물리량의 기호와 정의를 표로 제시했다. 대략 고교 과정을 열심히 공부했다면 7대 기본 단위의 정의를 90%는 이해한다고 하니까 꾸준히 노력해 보길.

그동안 과학을 담은 책이 너무 쉽거나 혹은 너무 어려웠다면, 특정 분야만 다뤄서 이것도 챙기고 저것도 챙겨야 하는 게 아쉬웠다면 이 책을 권하고 싶다. 과학 초보자가 읽고 단숨에 전망대까지 오르긴 힘들겠지만, 각 분야의 기본을 두루두루 익힌다면 몇 단계 도약하는 즐거움은 분명히 느낄 수 있을 거다.

- 서평 팁 -

과학 정보 중에서 청소년이 관심을 가질 만한 여드름으로 시작했다. 아울러 기존의 과학책과 차별화를 둘 만한 게 있는지 찾았다.

17.
유토피아, 농담과 역설의 이상 사회
(주경철 글, 사계절)

'주니어 클래식' 시리즈는 인류의 고전이 비춰 주는 인식의 지평 너머로 청소년과 나아간다는 편집진의 의지와 그 분야의 전문가가 알고 있는 지식이 잘 버무려진 책이다. 이번에 새로 펴낸 《유토피아, 농담과 역설의 이상 사회》 역시 새로운 해석과 질문으로 사회 여러 문제에 대한 비판과 성찰까지 나아가도록 도움을 준다.

유토피아는 상상 속에 존재하는 나라로 모든 사람이 행복한 이상향이다. 중세 말 세계는 페스트와 전쟁, 기근으로 심각한 위기에 빠졌다. 곧 경제적으로 잘살게 됐지만 그 뒷면에는 인클로저로 삶의 터전을 잃은 가난한 농민들의 비극이 있었고. 《유토피아》는 이런 현실과 반대되는 그림을 충실히 그린 것처럼 보인다. 그들은 사유 재산이 없고, 하루 6시간만 일을 하며, 모두가 한 가족이라는 생각으로 살아간다.

하지만 글쓴이는 유토피아가 디스토피아였음을 깨닫게 하려는 모어의 의도를 정확히 짚었다. 그는 농담과 역설을 적절히 섞어 과연 이상향이 무엇인지 묻고 싶었던 거다. 그래서 40명이 가족을 이루고, 같은 모양의 옷을 입으며, 물자 부족을 욕망 억제로 해결하고, 여유 시간을 오로지 정신적 쾌락을 위해 쓰는 매우 바람직해 보이는 (?) 사회가 태어났다. 이런 의도를 놓친 채 공산주의 이론의 원조처럼 생각하는 건 잘못된 해석이다.

이처럼 글쓴이는 모어가 욕을 먹어 마땅한 글을 써서 눈 밝은 독자가 스스로 비판적인 사고를 하게끔 부추기려 한다고 보았다. 왜냐하면 유토피아는 신이 내려 준 땅이 아니라 인간이 의지로 만들어 낸 땅이었고, 처음부터 완성된 형태가 아니라 공동체 전원이 협력하여 꾸준히 개선되어 가는 곳이었다. 바꾸어 말하면 그가 말한 유토피아가 우리가 살아가는 이 사회인지도 모른다.

이제 그 답을 찾으러 '유토피아'로 떠나자. 그곳에서 이상 국가를 다뤄야 하니 다양한 생각거리를 챙기는 것도 잊지 말고. 앞으로 우리 사회가 어떤 방향으로 나아가면 좋은지, 진정 행복하게 살아가는 사회란 어떤 곳인지, 사유 재산이 있으면 정의와 행복은 정말 불가능한지 답을 찾아야 한다. 또 꼭 필요한 전쟁이란 게 있기는 한 건지 깊은 성찰의 시간이 필요하다.

《유토피아》는 자칫 오해를 불러일으키기 좋게끔 꼬여 있는 텍스트다. 글쓴이는 그 꼬인 실타래를 잘 풀었으므로 해설서를 읽는 데 멈추지 말고 직접 '유토피아'로 가라고 등을 다독인다. 모어는 단순히 일차원적 이상 사회를 제시한 게 아니라 그것을 어떻게 만들 수 있는지, 그런 생각 자체가 어떤 위험이 있으며 그런 위험을 피하려면 어떤 성찰이 필요한지 묻기 위해 《유토피아》를 썼다. 여러분의 답이 궁금하다!

- **서평 팁** -

수많은 '유토피아' 중에 이 책은 청소년을 위해 쉽게 풀어 쓴 점과 역설을 찾아낸 점이 특별하다. 그 점을 놓치지 않으려고 했다.

18.
10대와 통하는 새롭게 살려낸 우리말
(최종규 글, 철수와영희)

이오덕 선생이 외국 말과 외국 말법에서 벗어나 우리말을 살려야 한다고 말을 꺼낸 때가 1989년이다. 《우리글 바로 쓰기 1, 2》, 《우리 문장 쓰기》를 읽으면 선생의 우리말 사랑, 겨레 사랑이 얼마나 깊은지 알 수 있다. 우리는 지금 그분의 뜻과 정신을 얼마나 올곧게 지키고 있을까. 《10대와 통하는 새롭게 살려낸 우리말》로 현재를 확인해 보자.

해마다 한글날이 되면 청소년이 쓰는 신조어, 비속어가 얘깃거리다. '나의 얼굴은 나 자신이 책임져야' 하니 어른에게 낯설고 불쾌하게 들리는 말을 사용하지 말라고 한다. 그런데 '내 얼굴은 내가 지켜야 한다'가 맞는 표현이다. 우리말을 알게 모르게 망치고 있는 사람은 어른이었다. 말은 지나가면 끝이지만 글은 오래 남으니까 그 글을 쓰는 어른이 먼저 바른 모습을 보여야 하는데 애꿎은 화살만 날렸던 거다.

뭐가 문제일까? 우선 번역 말투다. 영어 'have'를 잘못 번역해서 아무 자리에나 '-를 가지다'를 쓴다. '공부에 흥미를 가지다'는 '공부에 재미가 붙다'로, '간담회를 가지다'는 '간담회를 열다'로 써야 한다. 'about'을 한국말로 옮긴 말투 '-에 대한'도 자주 본다. 왜 '사랑을 얘기해 보자'로 간단히 쓸 것을 '사랑에 대하여 얘기해 보자'라고 할까. 영어 말투를 그대로 옮기니까 우리말의 다양한 표현이 줄어들었다. '-을 만들어 먹었지'를 '끓여 먹었지', '삶아 먹었지', '해서 먹었지'로 바꾸면 얼마나 좋은가.

일본 말투도 쉽게 본다. '-께로/-에게로/-한테로'는 '-께/-에게'가 맞다. '-과 동시에'는 번역 말투와 일본 말투가 섞인 말투니까 아예 쓰지 않는 게 좋다. '개봉과 동시에 책도 발간한다'는 '영화와 책이 함께 나온다'로 바꾸면 된다. 영어 현재진행형을 일본 사람이 옮겨 적으며 잘못 스며든 '그러는 중(中)에'와 '-가운데'도 생각 없이 쓰는 말이다. '-에 있어/-에게 있어'도 손질해야 할 말투다.

더구나 우리말을 올바르게 알려 줘야 할 국립국어원도 실수를 한다. '지적해 주신 데 대해 감사합니다'는 '알려 주셔서 고맙습니다', '말씀 고맙습니다'로, '이따금씩 소리를 지르곤'은 '이따금 소리를 지르곤'으로 바꾸는 게 맞다. 우리말은 말끝이 짧다. 그런데 말끝을 늘어뜨리려고 붙이는 '것(거/게)'에 '담배는 건강에 해로운 것이다'라는 설명까지 붙였다.

차례를 보면 명사, 대명사, 부사, 형용사, 조사 심지어 감탄사까지 서양 말투, 번역 말투, 일본 말투다. 처음에는 어색해도 '발행인'을 '펴낸이', '작가'를 '지은이'로 손질한 것처럼 말은 곧 익숙해진다. 세계화 시대라곤 하지만 한국말을 제대로 해야 번역과 통역을 제대로 하고, 나아가 학문과 철학, 문화와 정치가 아름답게 빛나지 않을까.

글쓴이는 쓰던 버릇을 고치지 못한 어른을 대신해서 청소년에게 부끄러운 손을 내민다. 쉽게 알아채서 바로 쓰라고 보기 글을 많이 넣고, 분량과 판형을 눈높이에 딱 맞게 만들었다. 바꾸지 못하고 오히려 망친 말들이 더 많기는 하지만 어디를 바로잡아야 하는지 알려주니까 건네는 손도 한결 가볍다. 알면 달라진다는 말에 슬며시 기대어 그들을 응원한다. 지금은 우리가 청소년을 따라갈 때다.

- 서평 팁 -

'우리말, 우리글 지킴이' 하면 떠오르는 이오덕 선생. 우리말을 지키자는 글의 내용과 연결할 수 있어서 그 소개로 글을 시작했다.

19.
독살로 읽는 세계사
(엘레너 허먼 글, 현대지성)

《독살로 읽는 세계사》를 쓴 엘리너 허먼은 러시아의 언론인이자 시민운동가인 블라디미르 카라 무르자에게 이 책을 바쳤다. 그는 러시아 정부가 저지른 두 차례의 독살 시도에도 꿋꿋이 살아남아 정치적인 독살이 여전히 존재함을 알렸다. 지금도 어딘가에서 그런 계획이 실행에 옮겨지고 있다.

우리가 역사책에서 읽은 의심이 가는 죽음이 법의학의 발달로 드러나고 있다. 더러는 정말 의도된 독살로 목숨을 잃었고, 더러는 비위생적인 환경과 터무니없는 치료법, 치명적인 화장품 때문에 죽음을 맞았다. 이 책을 읽으면 그 시대 사람이 이렇게까지 무지했나 혀를 찰 수도 있고, 지금 우리는 어떤가 씁쓸함을 느낄지도 모른다.

예를 들어 15세기에는 머리숱이 풍성해지려고 어떤 병도 걸리지 않았고 몸가짐이 바르며 선량한 서른 살 청년의 피를 구해서 가능하면 5월 중순에 마시거나 두피에 문질렀다. 그런가 하면 피부가 좋아지기 위해 발랐던 오줌은 지금도 미용 크림을 만들기 위해 쓰이고 있다. 잠재적 발암물질을 사용한 화학적 박피술을 받는 사람도 여전히 많다.

그것이 위험한가 아닌가는 시대가 지나야 드러난다. 좋다는 말에 휘둘리는 일은 피하는 게 좋다. 젊고 건강하게 살고 싶은 사람의 마음을 이용해서 이익을 취하려는 이들이 너무나 많다. 코로나19를 고칠 수 있다고 나온 황당한 치료법도 역사의 한 페이지로 남아 웃음거리가 되지 않을까.

과학과 의학은 더 좋은 삶을 위해 쓰여야 한다. 누군가를 증오해 죽인다고 평화로워질까. 또 다른 증오가 생겨 그 마음은 늘 지옥일 거다. 아예 그런 욕망을 끊어 내는 게 최선이다. 순리대로 살다가 죽는 편안한 죽음이 일반화되기를.

- 서평 팁 -
글쓴이가 특정 인물에게 이 책을 바친다고 해서 시작 부분에 언급했다. 이처럼 글쓴이가 특별히 여기는 인물이나 사건을 다뤄도 좋다.

20.
아몬드
(손원평 글, 창비)

감정 표현 불능증, 다른 말로 알렉시티미아. '냉혈한'을 연상하면 쉽게 이해할 수 있는 정서적 장애다. 《아몬드》의 주인공 윤재는 편도체의 크기가 작고 뇌 변연계와 전두엽 사이의 접촉이 원활하지 않아 어릴 때부터 감정을 느끼지 못한다. 멀쩡하다고 생각했던 자식이 무서운 얘기를 참 태연히도 말한다고, 친구가 다쳤는데 괜찮냐고 물어볼 줄도 모른다고 비난받는다면 부모 마음은 어떨까.

친정 엄마를 찾는 딸의 시름은 깊고 암울하다. 그런데 친정 엄마는 혼자 아등바등 살다가 결국 손을 내민 딸의 버거운 짐을 흔쾌히 받아들인다. "네 엄마 말이 사실이라면, 넌 괴물이다. 세상에서 가장 귀여운 괴물, 그게 너로구나!" 괴물을 사람으로 바꾸려는 두 사람의 노력은 헌신적이다. 온갖 아몬드를 먹이고 상황과 감정을 연결하는 문장을 집 안에 붙였다. 직업도 헌책방 주인으로 바꿨다. 보통 사람이면 본능으로 아는 아프고, 기쁘고, 슬픈 감정들을 교육하기 위해서.

아이는 아이대로 세상살이가 만만치 않다. 괴물은 괴물일 뿐, 그 너머를 보지 않으려는 또래 속에서 홀로 맞서야 하는 학교생활은 그

야말로 지옥이다. 여기서 끝이 아닌 게, 묻지마살인으로 할머니가 죽고 엄마는 의식을 잃는다. 이 모든 일에 그저 담담한 윤재. 여기서 글쓴이는 인간을 인간으로 만드는 것도, 괴물로 만드는 것도 사랑이라는 말을 꺼낸다. 좀 지루하겠지만 그런 이야기를 하고 싶었다며 책방에 틀어박힌 윤재에게 친구 둘을 보낸다. 마치 할머니와 엄마가 보낸 선물처럼.

여우비에 옷이 젖듯 그의 마음에도 조금씩 틈이 생긴다. 그 틈으로 꽃과 향기, 바람이 드나들고 꿈이 자리를 잡는다. 그러더니 마침내 사랑의 감정이 싹튼다. "작은 벌레들이 몸을 기어다니는 것처럼 간질간질해." 그렇게 달라진 윤재가 묻는다. 너무 멀리 있는 불행은 내 불행이 아니라서 외면한다고 치자. 멀면 먼 대로 할 수 있는 게 없다며 외면하고, 가까우면 가까운 대로 공포와 두려움이 너무 크다며 나서지 않는 건 뭐냐. 느껴도 행동하지 않고 공감한다면서 쉽게 잊는, 그건 진짜가 아니라고.

친구를 위해 기꺼이 폭력에 맞서는 윤재와 손자를 위해 목숨을 내놓는 할머니는 닮았다. 사랑이란 그런 거다. 머리가 시키기 전에 몸과 마음이 먼저 반응하는 것, 대신 아프고 힘들어서 다행이라 여기는 고운 마음. 영화보다 강렬하다, 드라마처럼 팽팽하다, 무조건 재미있다고 한다. 실제로 사회학, 철학을 공부하고 영화 연출을 전공한 글쓴이의 이력이 펼쳐져 있다. 맘껏 즐기다 윤재처럼 귀히 여긴다는 감정을 아낌없이 쓰면 좋겠다.

- 서평 팁 -

이 책은 '감정 표현 불능증'을 언급하지 않고 글을 쓸 수 없다. 이렇게 낯설고 중요한 개념은 꼭 짚어 줘야 한다.

21.
죽음의 수용소에서
(빅터 프랭클 글, 청아출판사)

《죽음의 수용소에서》를 쓴 글쓴이는 정신과 의사였지만 제2차 세계대전 때 아우슈비츠수용소로 끌려가 119, 104번으로 불렸다. 그리고 가축우리 같은 건물에 구겨져 철로에서 땅을 파고 선로를 부설하는 일을 하면서 추위와 굶주림은 물론 죽음의 공포와 싸웠다. 게다가 아버지, 어머니, 형제 그리고 아내가 모두 수용소에서 죽음을 맞았다. 우리가 역사책을 읽으며 분개하고 넘겼던 몇 줄이 누군가에겐 이렇게 끔찍한 현실이다.

하지만 그는 이런 수용소의 경험으로 '로고테라피'라는 정신 치료법을 개발했다. 프로이트는 고통을 주는 혼란의 원인을 서로 모순되는 무의식적 불안에서 찾았고, 그는 자기 존재의 의미와 책임을 발견하지 못한 데에 이유가 있다고 보았다.

"왜 살아야 하는지를 아는 사람은 그 어떤 상황도 견뎌 낼 수 있다."라는 니체의 말을 자주 인용한 것도 맥락을 같이한다. 수용소라는 같은 공간에 있으면서 자기의 시련을 가치 있게 만든 사람의 생존 능력이 뛰어난 것에 바탕을 두었으므로 근거가 뚜렷하다 할밖에.

특히 로고테라피 중에서 역설 의도가 눈에 띈다. 이 기법은 마음속의 두려움이 정말로 두려워하는 일을 생기게 하고, 지나친 주의집중이 오히려 원하는 일을 불가능하게 만든다는 사실을 염두에 두고 개발되었다.

예를 들어 글씨를 못 써서 고민일 때 아무렇게나 휘갈겨 쓰며 자기가 얼마나 글씨를 엉망으로 쓰는지 있는 그대로 보여 줄 거라고 말하는 거다. 잠이 오지 않아 고민일 때도 어떻게든 잠을 자야겠다고 생각할 게 아니라 반대로 잠을 자지 않으려고 하라는 것도 마찬가지다. 물론 이 기법으로 모든 문제가 단번에 해결되지는 않겠지만 농담을 할 수 있게 되거나 증세가 점점 약해진다는 설명이다.

인간은 행복을 찾는 존재가 아니라 주어진 상황에 내재해 있는 의미를 실현하면서 행복할 이유를 찾는 존재라고 했다. 오늘부터 그가 말한 '행복해야 할 이유'를 찾아 각자 자기 삶에서 충분한 가치를 발견할 수 있기를 바란다.

- 서평 팁 -
이 글은 로고테라피를 강조했다. 그의 수용소 경험보다 이후 개발한 로고테라피가 중심이기 때문이다.

22.
일곱 해의 마지막
(김연수 글, 문학동네)

《일곱 해의 마지막》은 백석 시인이 '시인'이기를 포기할 수밖에 없었던 이유를 담은 가슴 먹먹한 기록이다. 그는 북에서 러시아 문학을 번역하는 일에 집중하다 1956년에 이르러서야 다시 시를 쓰겠다고 마음먹는다. 하지만 1962년에 동시 〈나루터〉를 발표하곤 시를 쓰지 않았다.

〈나루터〉는 그가 압록강 변에서 나무를 심고 길을 닦는 어린이들을 바라보며 그 아이들과 비슷한 나이에 그 강을 건너가던 '나이 어리신 원수'님을 찬양하는 시다. 강요 때문에 써야 했던 그의 심정은 삼십여 년에 걸친 기나긴 침묵으로 짐작할 수 있다.

백석이 누구인가. 고향인 평안북도의 토속적인 우리말로 민중들의 삶을 노래한 시인이다. 그의 시는 우리네 삶의 체취와 호흡이 물씬 풍겨서 다른 시인들이 그의 시집을 필사본으로 만들어 애독하거나 선물할 정도였다.

그런 그에게 시대는 어렵게 쓰지 말고, 개성을 발휘하지 말고, 문체에 공을 들이지 말라고 충고했다. 당과 수령이 원한 건 새로운 시대에 어울리는 인간형을 만드는 일이라서 백석의 순수한 언어는 허락될 수 없었다. 매일매일 시를 못 쓰는 거냐, 안 쓰는 거냐며 다그쳤다.

하지만 그는 자기를 속일 수 없었다. 어린 시절의 놀라웠던 산천과 여우들과 붕어곰과 가즈랑집 할머니를 잊을 수 없었다. 통영의 그 여인과 바다, 김 냄새 나는 비를 버릴 수 없었다. 그에게 시는 흥성하고 눈부셨던 시절에 그가 사랑했던 모든 결과물이었기 때문에 사랑을 증명할 수만 있다면 불행해지는 것쯤이야 두렵지 않았던 거다.

이제 여리고 작고 잊히게 될 이름들을 소중히 여기던 그는 사라졌다. 나고 자란 시골 학교에서 아이들에게 영어를 가르치고 싶다는 그는 없다. 착한 아내와 함께 두메에서 농사지으며 책과 벗해서 살고 싶다던 소박한 그는 자취를 감췄다.

시로 꽉 찬 사람이 시를 꺼낼 수 없을 때 그의 삶은 무엇이었을까. 젊은 시절의 백석, 모던 보이였던 그와 1990년대 인민증의 사진으로 남은 그. 시인 아닌 시인이 된 그가 죽어 가는 그 많은 말을 어떤 마음으로 지켜봤을지. 세상의 언어를 다 버리고 허깨비로 남은 텅 빈 눈빛.

글쓴이는 그를 허망하게 보낼 수 없다는 듯 인근 초등학교 학생들이 쓴 동시를 읽게 한다. 그건 백석이 살아 보지 못한 세계의 이야기, 죽는 순간까지 그가 놓지 않았을 소망의 이야기다. 시대를 잘못 만나 불행한 삶을 산 사람을 다시 떠올린다.

- **서평 팁** -

백석, 이름은 알고 있으나 정확히 어떤 사람인지 모르는 이를 위해 정보를 많이 담으려고 했다.

23.
책 읽어주는 남자
(베른하르트 슐링크 글, 시공사)

《책 읽어주는 남자》의 시작은 파격적이다. 열다섯 소년 미하엘이 우연히 도움을 받은 서른여섯 여인 한나와 사랑에 빠진다. 소년은 여인에게 이끌린 이유를 이렇게 말한다.

"지금까지 살아오면서 하지 않기로 내린 결정을 행동으로 옮긴 경우도 많았고 또 하기로 내린 결정을 행동으로 옮기지 않은 경우도 아주 많았다. '그것'이 무엇인지 모르겠지만, 어쨌든 '그것'이 행동한다. 내 생각은 나의 생각이고 나의 결정은 나의 결정이듯이 나의 행동 역시 독자적인 방식으로 내 행동인 것이다."

둘의 사랑은 책을 읽어 주는 일로 새로운 의미를 띤다. 목소리가 좋다는 한나의 칭찬에 시작한 일은 어느새 중요한 만남의 의식으로 자리 잡는다. 하지만 미하엘은 그녀가 책을 읽어 달라고 한 진짜 이유를 알기 전에 그녀를 잃는다. 갑자기 사라져 버린 거다. 그녀 없는 도시, 그녀 없이 맞는 오후, 그녀를 생각하지 않고 책을 펼치는 일은 고통이다.

다시 만난 두 사람. 장소는 법정이고 한나는 범죄자, 미하엘은 법학생이다. 전후 세대인 그와 동료들은 부모 세대 모두를 수치스럽게 생각한다. 그들이 1945년 이후에도 그들 주변에 있는 범죄자들을 묵인했다는 게 이유다. 그런데 한나가 강제수용소에서 감시원으로 일했고, 폭격으로 건물에 불이 나서 모두 불에 타 죽었을 때도 그 문을 열어 주지 않았다. 게다가 모든 일을 합리화시키는 보고서를 작성했다.

"본인 같으면 어떻게 했겠습니까?"라고 끈질긴 반박으로 재판장을 화나게 한 그녀는 보고서에 쓰인 필체와 본인의 필체를 비교하자는 제안에 무너진다. 그녀는 글자를 몰랐다. 미하엘에게 웃으며 메뉴판을 넘기고, 쪽지를 남겼는데도 화를 낸 이유는 읽을 수 없었기 때문이다. 전차 차장에서 승진시켜 준다는 제안에 줄행랑을 쳤던 것도 문맹인 사실을 들키고 싶지 않아서였다. 사랑을 버린 게 아니라 포기할 수밖에 없었다.

18년이라는 긴 수감 생활을 택할 만큼 그녀의 수치심은 힘이 셌다. 차마 말할 수 없는 부끄러움은 사랑하는 사람 앞에선 더욱 꺼내기 힘들다. 그것마저 받아들이는 게 사랑이지만 우리는 그까짓 게 무슨 문제냐고 넘길 수 있는 것들로 아프다. 타인을 받아들이는 데 필요한 용기보다 자기를 인정하고 받아들이는 데 더 많은 용기가 필요하다.

법정에서 그 사실을 밝힐 수 있는 유일한 사람, 미하엘은 자기가 한 행동과 하지 않은 행동 그리고 그녀가 한 행동에 대해 끊임없이 질문했다. 그 질문이 자기의 인생이 된 것도 깨달았다. 사랑과 수치스러움을 생각하면서 아름답고 철학적으로 우아한 소설에 빠져보자.

- 서평 팁 -

책을 왜 읽어 줬는지 설명하고 결말은 감춰 호기심을 느끼도록 서평을 썼다.

24.
10대와 통하는 탈핵 이야기
(최열 외 6인 글, 철수와영희)

2011년에 일본의 후쿠시마에서 일어난 핵발전소 사고는 충격이었다. 그런데 중국도 예의 주시해야 한다. 냉각수가 필요하다는 이유로 중국 내륙이 아닌 해안가에 핵발전소가 집중적으로 모여 있는데 문제는 우리나라의 서해안과 아주 가깝다. 이미 가동 중인 발전소와 짓고 있는 발전소를 합하면 50기 이상이 우리 코앞에 있다.

과연 우리는 안전한가. 2011년까지 무려 600번이 넘는 크고 작은 사고가 있었다. 지금도 한국원자력안전기술원 홈페이지에는 부품이 고장 났다는 보고가 꾸준히 올라온다. 《10대와 통하는 탈핵 이야기》는 우리가 대충 넘겼거나 몰랐던 핵 관련 정보를 깊이 있게 다룬다.

핵발전소의 역사는 길지 않다. 핵물질을 평화적으로 이용하자는 목적으로 1954년에 처음 구소련에 세워졌으니까 이제 70년이 지났을 뿐이다. 그때 사람들은 무한 에너지라고 좋아했다. 우리나라의 핵발전소는 1978년에 가동을 시작한 이후 근대화에 큰 역할을 했다.

그럼에도 반대하는 이유는 뭘까. 인간의 수명은 길어야 100년이다. 핵발전소의 수명은 40년 안팎이다. 반면에 핵폐기물은 10만 년을 간다. 한 세대를 30년으로 볼 때 3,000세대의 후손에게 영향을 미친다. 약 40년 동안 전기를 공급받기 위해서 이 위험한 물질을 수천 세대에 걸쳐 남겨 주는 게 과연 바람직한가. 과학 기술의 문제가 아니라 윤리의 문제다.

그리고 핵발전소의 경제성을 따질 때 핵폐기물의 처리 비용은 넣지 않는다. 특히 핵발전소 시스템은 누군가의 희생을 전제로 한다. 발전소에서 일하는 노동자와 해당 지역에서 생계를 꾸려 가는 사람들이 그렇다. 우리 삶의 터전인 땅과 하늘, 강물과 바다도 망가진다. 우리는 이미 자연재해와 인재를 피하기 어렵다는 것을 체르노빌과 후쿠시마 사고에서 실감했다.

하지만 무턱대고 반대할 수는 없다. 핵발전소가 멈추면 전기료 폭탄을 맞는다. 태양열이나 풍력 등 재생에너지가 우리나라의 여건에 적절치 않다는 말도 맞다. 다만 핵발전소를 지을 수 있는 기술이면 재생에너지의 단점을 보완할 방법을 찾을 수 있지 않을까. 그런 힘이 있다는 걸 믿고 싶은 거다.

이 책을 쓴 전문가들은 에너지 문제를 넘어서 우리 삶의 모습을 바꾸는 데 집중하자고 했다. 사람이 살기 위해선 물, 식량, 에너지가 핵심인데 도시의 삶은 어느 것 하나 자립적으로 해결하지 못한다. 이제 주변의 누군가를 희생시켜서 지탱하는 삶은 그만두어야 한다.

　탈핵은 환경 문제가 아니라 양심 문제로 다뤄야 한다. 지역이나 국가를 넘어 모두가 같은 공간에서 살고 있다는 공존의 개념으로 세상을 봐야 한다. 가뭇없이 사라지는 삶이지만 더불어 사는 지혜를 배우자.

- 서평 팁 -

원자력 발전의 전체적인 맥락과 무엇이 문제인지 정확히 밝혀 탈핵으로 가는 발걸음을 내딛도록 했다.

25.
도둑맞은 집중력
(요한 하리 글, 어크로스)

《도둑맞은 집중력》은 집중력이 흐려진 이유를 개인 탓이라 여겼던 이들의 마음을 가볍게 한다. 더구나 집중력 외에도 여러 가지가 개인의 의지와 별개로 움직인다는 사실을 이야기한다. 우리가 알던 많은 것이 사회 구조적 문제였다.

우리의 생활은 휴대폰이 생기면서 급격히 변했다. 휴대폰 덕분에 어디서든 메일을 주고받고 은행 업무를 본다. 최신 정보도 바로 접한다. 반면에 쓸데없는 정보에 노출되고 개인의 민감한 정보가 수집되어 경제적인 이익을 얻는 데 이용된다. 특히 휴대폰은 집중력을 유지하기 힘든 대표적인 원인으로 꼽힌다.

원래 인간의 뇌는 동시에 한두 개의 생각밖에 하지 못한다. '멀티태스킹'은 컴퓨터 과학자들이 동시에 두 가지 이상의 작업을 처리할 수 있는 기계를 발명하면서 붙인 이름이다. 처음부터 인간에게 적용 불가였는데 그렇게 해야 성공할 수 있다고 믿게 해서 과부하가 걸린 거다.

그럼 휴대폰 사용을 줄이면 되지 않을까. 그게 쉽지 않은 이유는 휴대폰이 권력 유지와 기업의 이익을 늘리는 것에 깊이 연관되어 있기 때문이다. 휴대폰이 아니라 휴대폰이 설계되는 방식, 인터넷이 아니라 인터넷이 설계되는 방식에 문제가 있다는 의미다.

이제 힘을 모아 한목소리로 규제를 요구해야 한다. 우리의 이익과 소셜미디어 기업의 이익이 근본적으로 충돌한다는 것을 알아야 도난당한 집중력을 찾을 수 있다. 다이어트가 그렇고 가난이 그렇고 우울이 그렇다. 그게 글쓴이가 바라는 일이고 이 책을 읽어야 하는 이유다.

- 서평 팁 -
누구에게 집중력을 도둑맞았는지 그 이유와 대책을 찾아 담았다.

26.
천 개의 찬란한 태양
(할레드 호세이니 글, 현대문학)

어느 시대나 약자는 존재했고 전쟁 없는 삶은 없었다. 그래서 역사는 반복된다고 한 모양이다. 그 속에서 우리 인간의 역할은 무엇일까. 진정 인간다운 삶은 가능할까. 종교는 왜, 누구를 위해서 필요할까. 《천 개의 찬란한 태양》은 이런 깊은 상념에 빠지게 한다.

이 책은 아프가니스탄을 배경으로 한 어머니와 딸, 서로 돕고 의지해야 하는 여성들 사이의 이야기다. 숲이 있고 강물이 흐르며 꽃이 피는 아름다운 곳, 우리가 사는 이곳과 크게 다르지 않은 그곳에서 왜 그들은 우리가 누리는 삶을 누릴 수 없을까. 마땅한 권리를 주장할 수 없다니. 종교가 그런 것이라니.

마리암은 아버지를 세 아내, 아홉 명의 아이와 공유할 수 없었다. 그녀의 어머니가 가정부였기 때문이다. 게다가 열다섯에 마흔이 넘은 라시드에게 시집가는데 그는 그녀가 몇 차례의 유산으로 아이를 낳지 못하자 폭력을 일삼더니 또 다른 어린 여자를 들인다.

라일라는 타리크를 사랑하지만 전쟁으로 부모가 죽고 그의 생사도 알 수 없는 상황에서 임신하자 어쩔 수 없이 라시드의 후처가 된다. 개방적인 환경에서 교육받은 그녀는 가부장적인 라시드에게 맞서고, 마리암은 그녀와 아이들에게 의지하며 행복을 느끼지만 그 행복은 그리 오래가지 못한다.

타리크가 돌아온 사실을 알고는 라시드가 또다시 폭발한 거다. 결국 마리암은 그를 죽이고 함께 떠나자는 라일라의 말을 거절한다. "나는 여기에서 끝나. 더 이상 원하는 게 없어. 내가 어렸을 때 원했던 모든 걸 너는 이미 나한테 줬어. 너와 네 아이들이 나를 행복하게 해 줬어. 괜찮아. 괜찮아. 슬퍼하지 마."

우리 어머니가 겪었던 역사를 그대로 닮은 그녀들의 삶. 잘못된 걸 알면 바로잡아야 하는 게 배운 이들의 몫이며 의무다. 우리는 종교가 인간을 억압하는 도구로 변질되는 것을 막아야 한다. 아울러 권력 유지의 수단이 되는지도 감시해야 한다. 누구나 태양 앞에 당당하길.

- 서평 팁 -
책 속의 한 문장이 주제를 설명할 때가 있다. 이 책은 마리암의 말이 그렇다.

27.
인간
(베르나르 베르베르 글, 열린책들)

.

인간. 만물의 영장이라고 배웠다. 그 뛰어난 두뇌와 손으로 우린 무엇을 했나. 어느덧 지구의 적은 인간이란 말을 듣게 됐으니 말이다. 《인간》은 통렬한 반성문이다. 희곡이지만 소설인, 다르게 생각하기의 색다른 변주.

우주 어느 행성의 유리 감옥에 남자와 여자가 갇혔다. 남자는 규모가 큰 화장품 회사에서 동물 실험을 하는 과학자, 여자는 서커스 예술가라 자칭하는 호랑이 조련사다. 둘은 누군가가 지켜본다는 것을 알아낸다. 그리고 지구가 멸망했다는 사실도.

둘은 서로를 비난하다가 인류를 재판하기로 한다. 인류가 유죄라는 판결이 나오면 스스로 죽음을 선택하고, 인류가 구원될 자격이 있다고 결정되면 새로운 세대를 낳자고 의견을 모은다.

공방은 치열하다. 남자는 고대부터 인간은 인간에 대하여 늑대였고, 위선과 잔혹성과 악의 말이 특성이라고 했다. 여자는 참다운 사랑을 할 수 있고 유머가 있으며 아름다움을 창조할 수 있다고 강조했다. 결국 자신들의 종을 스스로 심판한다는 건 대단하지 않냐는 여자가 이겼다.

  깊이 생각하고 잘못을 고백하며 한 걸음 나아가는 게 우리 인간의 행동 방식이었다. 그러나 언제까지 이 행동 방식을 반복할 것인지 스스로 물을 때가 되지 않았나. 베르베르는 외계 생물의 시선을 빌려 정확히 이 지점을 건드린다. 우주에서 우리가 차지하고 있는 자리를 바라보며 생각이 깊어진다.

- 서평 팁 -

베르나르 베르베르의 작품은 기발한 상상력과 성찰로 가는 길을 여는 게 특징이다. 더구나 이 작품은 희곡이라 그걸 짚었다.

28.
노동에 대해 말하지 않는 것들
(전혜원 글, 서해문집)

《노동에 대해 말하지 않는 것들》은 종속적 자영업자에서 플랫폼 일자리까지 가치중립적인 시선으로 쓴 책이다. 글쓴이는 기자로 일하면서 밑도 끝도 없이 노조를 혐오하는 보수 언론과 노동을 선량한 피해자로만 그리는 진보 언론 사이에서 갈증을 느꼈다. 그래서 이 책엔 그가 진짜 묻고 싶었던 '좋은 질문'이 우리를 기다린다.

어디든 쉽게 볼 수 있는 프랜차이즈 가맹점주는 진짜 사장님일까. 노동하지만 노동자는 아닌, 고용보험의 사각지대에 놓인 이들을 계속 외면할 것인가. 혁신은 왜 약탈이 될까. 물류혁명 이면의 또 다른 얼굴을 상상한 적 있는가. 공정은 어떻게 차별이 되는가. 우리는 왜 날마다 명복을 비는가 등등.

모르고 있거나 알고도 모른 척했던 것과 마주하는 게 쉽지는 않다. 하지만 세상은 수많은 사람이 섞여 산다. 어느 한쪽이 찌그러진 상태에서 제대로 굴러갈 수는 없다. 기울어진 운동장을 가파르게 만들면 결국 모두 나락으로 떨어진다. 가장 안전한 지대에 있는 사람이 가장 취약한 자리에 선 사람에게 손을 내밀어야 하는 이유다. 그게 연대다.

 프랑스는 노조 조직률이 10%가 채 안 되지만 단체협약을 적용받는 노동자의 비율은 전체의 98%에 이른다. 스웨덴은 전체 사회 경제의 선순환과 모든 시민을 위한, 실질적으로 작동 가능한 국가 모델을 창출하는 데 성공했다. 우리는 우리에게 맞는 실용적이고 생활적인 정의를 찾기 위해 고민해야 한다.

 지금은 숙련 해체의 시대다. 언젠가는 지금 하는 일이 없어질 거다. 우리는 얼마나 살아남을 수 있을까. 인간다움은 무엇일까. 고민이 깊어질수록 그가 담은 한국 노동의 아홉 가지 풍경을 놓을 수 없다. 답을 찾아야 하므로.

- 서평 팁 -

비문학 서평은 비교해서 내용과 주제 전달이 잘되는 경우가 있다. 이 서평은 프랑스와 우리나라의 현실을 언급해 이해를 높였다.

29.
세계는 왜 싸우는가
(김영미 글, 김영사)

접속탄은 한 개의 엄마 폭탄이 공중에서 폭발하면 그 안에 들어 있던 수많은 아기 폭탄이 사방으로 흩어지며 연쇄 폭발 하는 무기다. 다른 말로 모자폭탄이라고 부르는데 생긴 게 장난감같이 생겨서 아이들의 피해가 크다. 우리나라도 이 접속탄을 생산해 수출했고 이 무기의 생산과 사용을 전면 금지 하는 회의에 참석하지 않았다.

《세계는 왜 싸우는가》에서 글쓴이가 말하고 싶은 건 소위 힘 있는 나라의 이중성이다. 러시아는 캅카스 지역의 석유와 가스가 탐나 체첸을 공격하면서 9.11 테러 직후 아프가니스탄을 공격한 미국을 눈감아 주었다. 캐시미어로 유명한 카슈미르는 영국이 오랜 지배 후 인도와 파키스탄에 떠넘기고 나 몰라라 하면서 분쟁이 생긴 지역이다.

미국은 콜롬비아에 파나마운하 건설권을 요구했는데 의회가 반발하자 일방적으로 파나마의 독립을 선언해 버린다. 이렇게 느닷없이 콜롬비아는 둘로 쪼개져 버렸다. 오랜 시간 식민지로 있다가 독립한 나라는 정치적인 혼란을 거치기 마련인데 강대국은 민주주의가 정착되도록 돕는 게 아니라 자기 나라의 이익을 채우기에 급급했다.

 이런 상황에선 해당 국가의 지도자나 정부가 제 역할을 해야 하는데 대부분 독재자가 되어 국민을 탄압하거나 막대한 부를 추구하는 경우가 많다. 다이아몬드 채굴권을 얻기 위해 반대 측 사람들의 사지를 잘라 버린 라이베리아 대통령은 인간이 어디까지 악할 수 있는지, 권력을 향한 욕망이 얼마나 무서운지 보여 준다.

 신무기를 개발할 수 있는 나라, 그 무기를 팔기 위해 전쟁을 부추기는 나라를 선진국이라 할 수 있을까. 알면 알수록 실망하게 되는 일부 국가들. 우리나라가 그렇게 되진 않을까 걱정이다. 우리나라가 갈등을 중재하고 공존의 길로 갈 수 있도록 돕는 국가이길 바란다. 국가의 격은 그런 역할을 하면서 높아지고 더불어 국민의 격도 올라갈 거라 믿는다. 결국 우리 손에 달렸다.

- 서평 팁 -
우리나라의 책임감 있는 모습을 기대하는 목소리가 들린다. 그런 맥락에서 미국과 러시아로 예를 들어 설명했다.

30.
엄마들
(마영신 글·그림, 휴머니스트)

《엄마들》은 엄마들의 연애와 노동, 인생을 말하는 만화책이다. 가까이 살면서도 몰랐던 그들의 사생활은 어떨까.

이소연은 애인인 이종석 때문에 속을 끓인다. 이혼 후 유일하게 의지한 남자가 양다리를 걸치다니. 대놓고 삼자대면을 시키니까 여자끼리 머리카락을 쥐어뜯으며 싸울밖에. 연순도 마음을 준 사기꾼 택시 기사에게 돈을 뜯기고, 명옥은 연하 남자에게 홀딱 반하지만 헤어지자는 말을 듣는다. 경아는 친구가 사귀는 걸 알면서도 추파를 던져 소연을 기함하게 만든다. 연애가 어느 세대라고 쉬울까. 그만하면 사랑에 질릴 만도 하지만 사랑 없이 어떻게 사나.

소연은 건물 청소를 해서 번 돈으로 막내아들과 산다. 음악을 하느라 독립할 형편이 안 되는 아들은 달랑 작은 집 한 채가 전부인 그녀에게 부담이다. 그래서 CCTV로 감시를 당하고 매일 30분씩 일찍 출근하라는 말에 부당하다고 거부하지 못한다. 직장 상사는 청소나 하는 밑바닥 인생이 무슨 노동법을 들먹이냐며 성추행과 폭력을 저지른다.

그녀들은 품위 있게 살고 싶은 자기네 인생이 어쩌다 이렇게 꼬였냐고 막막해하다 곧 방법을 찾는다. 소연은 싸웠던 꽃집 여자와 친구가 된다. 생각하니 서로가 같은 입장이었다. 건물주와 소장의 횡포는 그녀가 시사프로에서 진상을 밝히고 모두 한마음으로 뭉치면서 끝난다. 외로워서 제정신이 아니었다는 경아의 진정한 사과는 소연의 닫혔던 마음을 움직였다.

이 책의 엄마들은 이게 가능하다. 더 이상 남자한테 질질 끌려다니지 않고 상사 앞에서 주눅 들지 않는다. '마음을 밝게 먹으면 인생은 밝아진다. 그러므로 내 인생은 내가 정의한다.'라는 다짐으로 살자 마음먹는다. 그래서 소연의 아들은 "엄마한테 이런 일이 있는 줄 몰랐네. 엄마 파이팅!"이라는 문자를 보낸다. 그들은 이런 말을 들을 자격이 있다. 아니, 넘친다.

나는 어떤 엄마인가, 우리 엄마는 어떤 사람이었나 생각하게 만드는 책이다. "엄마도 사람이야."라는 말로 자신의 사랑과 일, 삶을 뭉뚱그릴 게 아니라 뭔가 자세한 설명이 필요하지 않을까. 그래서 이 책이다.

- 서평 팁 -
만화라는 걸 강조하려고 시작 부분에 넣었다. 그리고 대략적인 줄거리를 넣어 주제 전달이 가능하게 했다.

31.
국가란 무엇인가
(유시민 글, 돌베개)

《국가란 무엇인가》는 국가의 역사를 한눈에 훑을 수 있고 정치인이었던 글쓴이의 생각을 들을 수 있는 책이다. 그의 이력은 화려하다. 그는 서울대학교 경제학과를 다녔지만 거리와 감옥에서 더 많은 시간을 보냈다. 《거꾸로 읽는 세계사》 등의 책을 썼고, 노무현 정권 때 보건복지부 장관을 맡기도 했다. 2009년 '용산 참사'를 계기로 국가의 역할을 고민하면서 이 글을 썼고, 박근혜 대통령의 탄핵을 계기로 2017년에 개정신판을 냈다.

이 책은 크게 9장으로 나뉜다. 1장은 토머스 홉스나 마키아벨리로 대표되는 국가주의 국가론을 다룬다. 국가는 사회 내부의 무질서 및 외부 침략에서 인민의 생명과 안전 등을 보호하기 위해 무소불위의 권력을 정당하게 행사할 수 있다는 얘기다.

이어서 국가 권력은 국민의 평화와 안전, 공공의 복지 외 다른 목적으로 사용되면 안 된다고 주장한 존 로크와 애덤 스미스의 자유주의 국가론을 소개한다. 3장은 국가는 지배계급이 계급투쟁을 수행하는 도구에 지나지 않는다고 본 카를 마르크스의 진보주의 국가론, 4장은 누가 다스려야 하는가를 주제로 아리스토텔레스와 맹자의 목적론적 국가론을 다뤘다. 여기까지 읽으면 기본적인 배경지식은 충분히 익힐 수 있다.

그의 고민은 5장부터 드러난다. 애국심은 과연 고귀한 감정일까. 만약에 그렇다면 톨스토이는 왜 애국심이 인위적이고 비이성적이며 유해한 감정이라고 확신했을까. 독재체제의 국가폭력은 반대하기 쉬우나 민주주의 사회의 국가폭력은 왜 반대하기 어려울까. 우리나라의 진보 정치는 사회의 변화나 발전을 추구할 수 있을까.

그는 정의를 외면하는 국가, 선량한 시민 하나라도 버리는 국가는 결코 훌륭한 국가라고 할 수 없다고 목소리를 높인다. 주어진 기회를 살리는 것은 개인의 몫이지만 어떤 기회를 얻을 수 있는지는 일차적으로 국가의 상황에 좌우된다는 게 그 이유다.

훌륭한 국가 없이는 국민의 훌륭한 삶도 있을 수 없으므로 우리 스스로 훌륭한 국가를 만들어 나가야 한다는 그의 말은 울림이 크다. 국민 한 사람 한 사람을 수단이 아니라 목적으로 대하는 국가, 국민을 인간으로 존중하는 국가가 글쓴이만의 꿈은 아닐 것이다. 민주주의 이후에 어떤 정치체제가 나올지 미지수다. 그럴수록 국가를 열심히 공부할 필요가 있고, 이 책은 그 공부에 더없이 좋다.

- 서평 팁 -
이 글은 글쓴이의 이력 소개로 시작했다. 더불어 국가 흐름을 간단히 정리해 동기부여가 되게 했다.

32.
리틀 라이프
(한야 야나기하라 글, 시공사)

"모든 걸 다 주는 관계는 없어. '어떤' 것들만 주는 거라고. 누군가에게서 바라는 것들을 다 생각해 보고 그중 세 개만 택해야 하는 거야." 《리틀 라이프》의 한 문장이다. 열여섯 살이 될 때까지 세 개는커녕 단 한 개도 얻지 못한 한 남자의 비극.

대학 시절 룸메이트였던 주드와 윌럼, 맬컴과 제이비는 졸업 후 각자 삶에 집중하면서도 더없이 친밀한 관계를 유지한다. 자기의 모든 걸 말할 수 있고 보일 수 있는 사람은 많지 않으므로 넷은 서로에게 그런 존재가 되길 희망한다. 주드만 섬처럼 겉돌 뿐. 잘생기고 성격 좋고 유능한 변호사인 그는 왜 끊임없는 자해를 할까.

갓난아기 때 버려진 그는 수도원에서 보살핌을 받았다. 사실 온갖 구박과 폭력뿐이었으니 보살핌이란 말은 틀린 말이다. 게다가 그를 세상 밖으로 이끈 루크 수사는 소아성애자였다. 주드는 가스라이팅을 당해 숱한 남자에게 몸을 판다. 루크 수사가 잡혀간 뒤에도 그 일에서 벗어날 수 없었다. 그에게 남은 건 온갖 학대의 흔적과 상처받은 영혼뿐.

이런 이야기를 어떻게 꺼낼 수 있나. 그냥 자기 자신에게 벌을 줄 밖에. 훌륭한 양부모가 생기고 윌럼과 사랑하는 사이가 되고 돈과 명예가 따르지만 온전히 믿을 수 없다. 자기를 사랑할 수 없는 그도 고통스럽고, 그걸 지켜보는 주위 사람도 고통스러운 악순환의 연속이다. 불의의 사고로 윌럼이 세상을 떠나자 주드는 죽기 위해 하루하루를 버틴다.

행복과 불행의 극과 극. 끔찍한 과거는 물론이고 현재에도 법과 예술과 우정과 사랑 그리고 의학은 전적인 도움이 되지 못한다. 결국 그는 자기가 자기를 구할 수밖에 없다는 것을 깨닫고 죽음을 선택한다. "미안해요. 부디 용서해 줘요. 절대 속일 생각은 없었어요."가 그의 마지막 말이다.

그는 떠났고 눈에 보이는 모든 것에 친절하려고 애쓰고, 모든 것에서 주드를 본다는 양아버지의 고백은 글쓴이가 이 지극한 비극을 보여 주면서 우리에게 건네려던 말이다. 맨부커상 후보에 오른 이 작품으로 어떠한 삶도 작은 삶이 아니라는 걸 깨닫게 되기를.

- 서평 팁 -

소아성애자. 그들의 행동이 한 인간을 어떻게 파괴하는지 알리는 게 글쓴이의 의도라 그 마음을 담았다.

33.
나는 메트로폴리탄 미술관의 경비원입니다
(패트릭 브링리 글, 웅진지식하우스)

《나는 메트로폴리탄 미술관의 경비원입니다》는 사랑하는 형을 잃고 상실의 고통을 안은 채 미술관의 고요 속으로 스며든 글쓴이의 경험담이다. 자기가 아는 공간 중 가장 아름다운 장소에서 그저 가만히 서 있고 싶었다는 그에게 미술관은 최적의 장소였다. 미술사를 공부한 어머니와 함께 종종 가족 나들이를 했던 추억의 장소가 메트였기 때문이다.

그는 예수의 그림들에서 '이것이 현실이다.'라고 말하는 고통과 직한다. 말문을 막히게 하는 엄청난 고통의 무게. 우린 그런 무게를 잊은 채 살고 있다. 이집트관에선 시간의 본질을 화살처럼 나아가는 게 아니라 원과 같은 순환으로 본 그들의 세계관을 엿본다. 모든 건 끊임없이 흐르지만 실제로 변하는 것은 없는 그런 상태다.

관람객이 아닌 경비원으로 오랜 시간 반복해서 바라볼 수 있었던 수많은 예술 작품. 오롯이 자기의 느낌에 집중할 수 있었던 시간. 그는 이런 시간과 경험으로 다시 시작할 힘을 얻는다. 그리고 우리에게 예술 공부를 할 것이 아니라 예술을 해야 한다고 조언한다. 그저 지켜봄으로써 예술은 그제야 힘을 발휘한다는 게 이유다.

그림이 실리지 않은 미술관 책. 불편할 수도 있지만 오히려 글에 푹 빠질 수 있는 장치다. 눈이 연필이고 마음은 공책이라는 그의 말대로 우리와 우리 주위의 모든 걸 객관화시키면 삶은 더욱 아름답게 닿을 것이다.

- 서평 팁 -
그림이 없는 미술관 책. 미술관의 경비원이 된 이유와 상실의 고통을 잊는 데 그 공간이 어떤 역할을 했는지 알 수 있는 글을 썼다.

◇ 독후감(북에세이)을 잘 쓰려면

- 독후감은 책의 표지나 제목을 본 느낌으로 시작해서 줄거리와 생각 등을 몇 개의 문단으로 나누어 쓰고 전체적인 느낌으로 마무리한다는 틀이 있다. 새로운 느낌을 주기 위해서 글의 순서를 바꾸거나 따옴표 등을 활용한 독후감도 시도해 보자.

- 자기만의 이야기를 담는다. 보통 갖는 생각 혹은 느낌에서 벗어나 다른 시선으로 바라보거나 생각을 끌어내는 게 바람직하다. 다만 그 근거가 '그냥'이 아니어야 한다. 또 개인의 특별한 경험이 감동이나 공감으로 이어진다.

- 책에 많은 걸 양보하지 않는다. 독후감의 주인공은 책이 아니라 그 책을 읽은 사람이다. 자기의 생각과 경험이 책과 만나 또 다른 자기를 만들어 낸다. 그 과정이나 결과를 쓰는 게 독후감이다. 그래서 자기가 분명히 드러나야 한다.

- 책을 읽으면서 유난히 마음에 남았던 인물이나 사건, 문장이 있다면 그 이유를 깊이 생각한다. 성찰은 그것을 발견하고 만나는 과정에서 생긴다. 각자의 고유한 개성이 드러나는 독후감은 이렇게 만들어진다.

◇ 독후감(북에세이) 쓰기

하나. 책을 읽으면서 특별히 마음에 닿는 인물이나 사건, 문장에 표시해 놓는다. 비문학의 경우 새롭게 알게 된 개념이나 정보를 기억해 둔다.

둘. 왜 마음이 가는지 들여다본다. 자기의 경험과 연결되거나 생각이나 느낌이 특별하게 오는 이유가 있다. 그걸 책과 연결 지어 글을 쓴다. 예시된 자료를 참고한다.

셋. 글의 시작은 서평과 같다. 굳이 표지나 제목을 본 느낌으로 시작하지 않아도 된다. 처음과 끝의 분량은 비슷하게 맞추고, 글자 수에 따라 문단을 조절한다.

넷. 책과 만난 부분, 만난 후 달라진 이야기를 쓴다. 예를 들어 소비를 다룬 책을 읽은 후 독후감을 쓴다면 자기만의 경험을 녹여 글을 완성하고, 여행 관련 책은 자기만의 특별한 여행을 연결 짓는다. 모든 글에 책과 만나 무엇을 느끼고 생각했는지 언급한다.

다섯. 전체적으로 흐트러짐이 없도록 글을 다듬는다. 문단과 문단은 매끄러운지, 통일성을 유지했는지, 맞춤법은 정확한지 등을 확인한다.

독후감(북에세이) 읽기

1.
언젠가는
(여자 둘이 살고 있습니다, 김하나·황선우 글, 위즈덤하우스)

혼자가 되면 다시 둘이 되고 싶지 않다. 일어나서 먹고 치우고 잠드는 그런 일을 내 마음대로 하고 싶은 로망이 있어서다. 소리의 선택권이 나에게 있고 브래지어를 차지 않고 온 집 안을 휘저을 수 있는 그런 삶.

그런 삶을 너무 오래 해서 둘이 된 여자들이 있다. 《여자 둘이 살고 있습니다》에는 여전히 싱글이면서 '정서적 체온 유지'를 위한 노력을 기울일 필요가 없어 좋다는 여자들이 나온다.

그들이 각자의 살림을 모으고 집을 꾸미고 아웅다웅 살아가는 모습은 두 가지를 빼곤 결혼해서 사는 것과 같다. 하나는 며느리와 사위라는 역할을 하지 않아도 되고 그걸 바라지도 않는다는 것. 호의를 당연하게 받느냐 고맙게 받느냐의 차이는 크다. 다른 하나는 가사 분담이 확실하다는 것. 이것 역시 어느 한쪽이 너무 애쓰지 않아도 된다는 게 매력으로 다가왔다. 이 부분이 결혼에 걸림돌이 되는 것도 사실이니까.

"1인 가구는 원자와 같다. 물론 혼자 충분히 즐겁게 살 수 있다.

그러다 어떤 임계점을 넘어서면 다른 원자와 결합해 분자가 될 수도 있다. 원자가 둘 결합한 분자도 있고 셋, 넷 또는 열둘이 결합한 분자도 생길 수 있다. 단단한 결합도 느슨한 결합도 있을 것이다."

그들의 곁엔 결합은 하지 않았지만 그와 맘먹는 원자들이 무수히 많다. 가구를 디자인한 황영주, 두 층 아래에 사는 이아리네, 집을 얻는 데 결정적 동기부여가 된 철군낮별 부부, 스몰커피와 대루커피 카페 그리고 술집 바르셀로나의 주인들. 진정 부럽다. 고양이까지 이웃에 친구가 있어 이건 분자가 아니라 원자폭탄급 네트워크다.

막연히 주방과 거실은 공유하면서 사적인 공간이 따로 있는 그런 공동주택을 그려 왔다. 각자 잘하는 것을 모아 꾸려 가는 그런 곳. 나는 김하나 작가처럼 정리와 설거지를 도맡아 하고, 요리나 식물 키우기 등은 황선우 작가 같은 누군가가 채워 주겠지. 웃을 일이 많아 좋고 혼자 울지 않아도 되니 덜 힘들겠지.

혼자 하는 모든 일은 기억이지만 같이할 때는 추억이 된다는 황선우 작가의 말을 담는다. 겁이 많아서 인적이 드문 곳엔 절대로 못 산다던 나를 데려온다. 책 한 권이 다시 불러온 꿈. 같이 살 사람을 찾는다.

- 독후감 팁 -

둘이나 셋이라는 숫자보다 서로의 다름을 존중하며 답을 찾아 가는 그런 삶을 생각해 본다.

2.
세상에서 가장 편안한 곳
(보통의 존재, 이석원 글, 달)

무조건 나가고 싶은 계절, 하늘을 물끄러미 보고만 있어도 엉덩이가 들썩거린다. 자유여행이나 패키지여행은 물론 당일치기나 무박도 흔쾌히 받아들이는 건 익숙한 곳에서 벗어나는 즐거움이 온갖 고생을 감수할 만큼 가치 있어서다. 그런데 아무리 호화로운 여행을 다녔어도 집에 들어서는 순간 "역시 우리 집이 최고야." 한마디가 흘러나온다.

왜 그럴까. 타인의 시선에서 벗어나 온전히 나를 풀어놓는 곳이 바로 집이다. 우리는 비록 남루하고 누추해도 내 집이라 피로에 지친 몸과 마음을 내어줄 수 있다. 그래서 사람은 혼자 있을 때 이루 말할 수 없이 더럽고 이루 말할 수 없이 한가롭다는《보통의 존재》에 실린 글에 고개를 끄덕인다.

그런데 그는 집이 무조건 편하냐고 묻는다. 결혼으로 만들어진 가족은 모든 영역이 공개, 공유되니까 어느 정도 모른 척도 필요하다는 설명이다. 예를 들어 드라마나 영화의 여주인공이 샤워 후 하얗고 두툼한 가운을 두르고 머리엔 수건을 말아 올린 채 우아하게 걸어 나오는 장면도 현실이고, 외출을 위해 씻는 과정에서 별로 아름답지 못한 자세를 취하는 것도 현실이라는 의미다.

너무 가까워서 보지 않아야 할 모습도 보게 되므로 무조건 낱낱이 볼 필요는 없다. 더구나 숨기고 싶은 비밀을 굳이 알 필요는 없으니까 그 비밀의 터전을 집으로 삼아 더불어 가자는 말이다. 사실 우리의 삶은 생략된 부분이 있어 아름다워 보인다. 서로의 사생활은 어느 정도 보장해 주자는 말을 단칼에 거절할 일은 아닌 듯하다.

왜냐하면 그 줄타기에서 실패, 이혼한 경험담이라 그렇다. 결혼이란 남녀 간 사랑의 합체 이전에 사생활과 사생활의 결합이라는 글에 불행했을 그의 결혼 생활이 그려져 마음이 아리다. 자기가 드러내도 괜찮다고 승인한 모습만 보여 줄 권리가 있다는 말에 귀를 기울인다.

나도 집을 편하게만 생각하며 살았다. 돌아보니 부부 싸움을 벌여 잠시 자기만의 섬에 머물렀던 시간도, 사춘기인 딸과 갱년기라는 무기로 살벌하게 마주친 순간도 집이 최고라는 막강한 백이 있어 가능했다.

집은 세상에서 가장 편안한 곳이어야 하지만, 가족에게 최소한의 배려를 해야 한다. 앞으로 무조건 문을 걸어 잠그는 딸을 모른 척해야지. 남편의 인터넷 서핑도 존중하고. 여기저기 흘리고 다니는 휴대폰을 뒤적이는 일도 삼가야겠지. 가족은 가족이고 사생활은 사생활. 연예인은 아니지만 보통 사람도 그만큼의 비밀이 있으니까.

- 독후감 팁 -

여러 편의 글이 실린 에세이는 가장 인상 깊었던 부분을 자기 생활과 연결해 쓴다.

3.
그대에게 어깨를 빌려줄 때
(내가 가장 슬플 때, 마이클 로젠 글, 비룡소)

누가 슬픈가. 모든 사람이 슬프다. 슬픔은 언제라도 나타나 나에게 온다. 《내가 가장 슬플 때》는 사랑하는 아들을 잃은 글쓴이가 그 마음을 담아 우리에게 다가오는 그림책이다. 그림책은 수만 개의 단어도 움직이지 못한 마음을 한 페이지의 그림으로 단박에 움직이는 힘이 있다. 이 책은 어른이 봐도 좋은 그림책이다.

일단 표지를 넘기자마자 활짝 웃고 있는 그가 보인다. 그런데 사실은 슬퍼서 미치겠단다. 아들을 잃어서. 그가 전혀 슬퍼 보이지 않는 건 자기가 슬퍼 보이면 사람들이 좋아하지 않을까 봐 행복한 척 하는 거란다.

그는 열심히 슬픔을 해결할 방법을 찾는다. 고래고래 소리 지르고, 숟가락으로 탁자를 탕탕 내리치거나 입에 바람을 잔뜩 넣고 푸후 푸 소리를 뱉는다. 슬픔을 담은 글을 쓰고 창밖을 내다보는 사람과 사람을 가득 태우고 지나가는 기차를 바라본다.

그리고 시시때때로 찾아오는 슬픔을 막을 궁리도 찾는다. 스스로 자랑스러워할 일을 날마다 하나씩 해내고, 그러다가 영 말하기 싫을 때는 자기만의 슬픔에 빠진다. 그 슬픔은 온전히 자기만의 슬픔이니까. 난 이렇듯 슬픔으로 흘러넘치는 책장을 넘기며 당신만 그런 게 아니라고 말하고 싶었다.

나 역시 젊은 날에 아버지를 잃고 가장 아닌 가장이 되었다. 삼우제를 지내고 다시 출근하던 날 얼마나 생각이 많았던지. 말을 걸면 울 것 같은데 어떻게 해야 하나. 그런데 아무 일도 일어나지 않은, 극히 평범한 하루였다. 처음에는 서운했지만 시간이 가니 그 뜻을 알게 되었고. 그때의 마음을 담아 쓴 시가 〈일상의 배려〉다.

내 안의 눈물을 다 퍼내고 / 버팀돌이 쑥 빠지니 / 슬픔의 낱말만 꾹꾹 채운 박제가 되었다 / 아버지의 삼우제를 지내고 다시 출근한 날 / 으레 하는 인사를 나누고 / 단골 식당을 찾아 고를 필요 없는 백반을 먹었다 / 종일 손이 기억하는 일을 처리하면서 / 가볍게 주고받는 농담 곁에 서 있었다 / 내 슬픔을 가벼이 여기나 서운했던 / 그 하루 // 나중에야 알았다 / 한 번쯤은 / 소중한 사람을 먼저 보낸 얼굴들이 / 슬픔을 슬몃슬몃 털어 내라고 / 일상의 사소함을 몽땅 빌렸다는 걸 / 다시 울 수 있었다 / 수많은 낱말들이 팔랑이며 날았다

나만 그렇다는 건 착각이었다. 미처 보지 못했을 뿐, 누구나 마음 한편에 바람 드는 그늘이 있다. 별로 친하지 않은 사람을 조문 가서

도 눈물이 흘러 겸연쩍었던 건 같은 기억이 있어서였고. 그런 의미에서 가볍게 여길 경험은 없다. 이처럼 우리들의 마음 그릇은 누군가를 안아 주고 어깨를 다독일 준비로 찰랑거린다.

이 책의 첫 페이지처럼 웃고 있으나 웃는 게 아닌 누군가의 마음을 읽을 수 있으면 참 좋겠다. 또 나란히 앉아 한 페이지, 또 한 페이지를 정성스럽게 읽고 내 어깨를 선뜻 빌려줄 수 있으면 더할 나위 없이 행복하겠다.

- **독후감 팁 -**
상실의 고통은 누구나 있다. 그 고통이 책과 만나 어떤 과정을 거치는지 담는다.

4.
잘 듣는 사람
(살아 있는 것은 다 행복하라, 법정·류시화 글, 조화로운삶)

《살아 있는 것은 다 행복하라》의 모든 내용이 좋았지만 기억에 남는 이야기가 있다. 법정 스님이 아들을 갑자기 잃은 여인과 겸상할 때의 일이다. 짧은 식사 시간 동안 스님은 몸과 마음이 온통 고통과 슬픔인 여인이 하는 말을 다 들어 주셨다.

간혹 그녀 앞으로 반찬을 끌어다 주기도 하고 어서 먹으라고 권하기도 하면서. 식사 후 여인의 얼굴에 안정과 평화의 분위기가 감돌았는데 그 이유는 스님의 집중에 있었다. 단 한 순간도 소홀히 하지 않은 강렬한 집중이 그녀의 슬픔을 위로하고 나아가 그것을 삶의 한계를 인정하는 단계로 승화시켰다는 얘기다.

법정 스님처럼 온 마음으로 집중하기는 어렵지만 그래도 흉내는 내자고 마음먹었으나 역시 채 몇 달을 넘기기 힘들다. 그동안 욕심껏 일을 벌이다 보니 머릿속이 늘 이런저런 궁리로 바빴다. 뭘 해도 미진한 느낌이 남고 일의 순서를 정하느라 정신없는 상태, 이게 요즘 내 모습이었다. 온 마음으로 들어야 하는 말을 대충 흘려 넘기니 드러나지 않은 크고 작은 소홀함은 얼마나 많았겠나.

늘 말의 무게를 아는 사람이 되고 싶었다. 그런데 말을 잘하기 위해서는 잘 듣는 게 바탕에 있어야 하지 않을까. 주위를 둘러봐도 말하기 좋아하는 사람은 많아도 잘 들어 주는 사람은 많지 않다. 그만큼 잘 듣기가 어렵다는 의미고 그 첫걸음이 법정 스님의 이야기라 반갑고 든든하다.

이렇게 마음먹어도 되돌아가는 게 일상이다. 이 책을 반복해 읽으면서 자주 돌아봐야겠다. 부디 온 마음으로, 매 순간 집중해서 듣는 사람이 되고 싶다. 그래야 나를 움직이고 다른 사람을 변화시킬 수 있으니까. 듣는 사람이 아니라 잘 듣는 사람이 되기 위해 말을 건네는 상대방의 눈을 마주 보는, 아니면 최소한 그 사람을 향해 몸의 방향을 바꾸는 내가 되겠다.

- **독후감 팁** -
스승이 건네는 말에 집중하면 마음 깊은 곳에서 변화가 일어난다. 그 말과 자기를 연결 짓는다.

5.
여전히 부족한 나
(프레임, 최인철 글, 21세기북스)

《프레임》은 마음의 창을 보여 주고 그 마음의 한계를 스스로 깨닫는 데 도움을 주는 심리 책이다. 글쓴이는 지식 전달을 목적으로 삼거나 '이렇게 살아라.' '저렇게 살아라.'라고 말하지 않는다. 그저 여러 연구 결과를 "이건 몰랐지?" 하는 양 풀어놓고 그걸 먹고 마시는 우리를 즐겁게 지켜볼 뿐이다.

예를 들어 음식을 적게 먹고 싶으면 모든 그릇의 크기를 반으로 줄인다. 그릇의 크기가 음식의 섭취량을 결정하는 프레임으로 작동하기 때문이다. 사람은 기본으로 제시되는 양이 '사회적으로 바람직한 평균적인 양'이라고 해석한다. 그래서 그릇이 큰 경우에 남기는 것에 죄책감을 느끼고, 그릇이 작은 경우 더 먹게 되면 '너무 많이 먹는 건가' 하는 불안감을 느낀다.

물론 '그렇구나!' 혹은 '내가 그랬네'라며 고개를 끄덕이는 마음이 썩 좋지 않다. 정치인이 선거 공약이나 슬로건에 그렇게 예민하게 굴었던 이유를 아니 뒷맛이 씁쓸하고, 각종 질문지가 그냥 만들어지지 않았다는 게 소름 돋는다. 게다가 내가 덤벙덤벙 반응을 보인 것도 실망스럽다.

그런데 글쓴이는 "나는 세상을 강자와 약자, 성공과 실패로 나누지 않는다. 나는 세상을 배우는 자와 배우지 않는 자로 나눈다."라는 사회학자 벤자민 바버의 말로 처진 어깨를 다독인다. 지혜란 자신이 아는 것과 알지 못하는 것, 할 수 있는 것과 할 수 없는 것 사이의 경계를 인식하는 데서 출발한다는 말도 곁들인다.

나 스스로 깨달음을 얻어 맥락을 보는 사람이 되자 결심했을 리 없다. 소유를 위한 구매와 경험을 위한 구매의 차이를 알고 함께 나눌 수 있는 관계의 경험에 집중하자고 마음먹지도 않았을 거다. 글쓴이의 소망이 언젠가 마음에 쏙 드는 개정판 《프레임》을 만들어 내는 것인데 나도 그동안 많이 배우고 닦아 깊이 있는 눈빛으로 그와 내 앞의 세상을 마주 보고 싶다.

- **독후감 팁** -

심리 책은 개인의 경험을 넣어 글을 쓰기 좋다. 책에 실린 내용 중에서 어떤 부분이 가장 마음을 건드렸는지 살펴본다.

6.
그거 실화냐
(위그든 씨의 사탕가게, 폴 빌리어드 글, 문예출판사)

네 살 아이가 혼자 집을 나선다. 타박타박 걸어 도착한 곳은 어머니의 손을 잡고 자주 들렀던 위그든 씨의 사탕가게다. 아이는 눈에 보이는 대로 눈깔사탕, 박하사탕 등을 양껏 담는다.

"얘, 이것을 다 살 돈은 있니?" "그럼요, 돈 많아요." 아이는 주먹을 펴서 아저씨의 손에 은박지로 잘 싼 체리 씨 여섯 개를 올려놓는다. 아저씨는 자기의 손바닥을 잠깐 바라보더니 부드러운 한숨을 쉬고는 말했다. "돈이 조금 남는구나. 거스름돈을 내주마."

아이는 커서 열대어가게 주인이 되는데 물고기를 사러 온 남매를 보곤 그날의 비밀을 안다. 당연히 그 남매도 거스름돈을 받아 즐겁게 가게 문을 나섰고. 실제로 있었던 일이다.

《위그든 씨의 사탕가게》는 글쓴이의 어릴 적 엉뚱 기발하고 감동적인 경험담을 엮은 책이다. 그가 끊임없이 말썽을 부리는 바람에 집은 물론이고 온 동네가 조용할 날이 없지만 어른들은 한결같이 아이가 행여 다치지 않을까 살뜰하게 챙기고, 짐짓 알면서도 모르는

척 눈감아 주는 아량도 잊지 않는다. 물론 호되게 야단을 치기도 하지만 그 마음에는 사랑이 있었다.

그런 사랑과 관심을 받고 나쁜 길로 빠지기는 쉽지 않을 것이다. 그가 원래 제목을 'Growing Pains(성장통)'이라 지은 이유를 알겠다. 실수하고 넘어지고 다치는 과정은 삶을 살아가는 데 꼭 필요하며, 그 바탕에는 가족과 이웃이 있어야 한다는 말에 고개를 끄덕인다.

내가 일곱 살에 처음 만난 세상도 따뜻했다. 모처럼 만든 떡을 외할머니에게 드리자는 말이 나왔다. 그 당시 엄마는 막내를 낳고 얼마 지나지 않아 외출이 어려웠다. 첫째인 나는 할 수 있다고 고집을 부렸고 혼자 의기양양하게 버스에 올랐다. 긴장도 풀리고 겨울 햇살도 따뜻해 얼마나 잠이 쏟아지던지.

눈을 뜨니 온통 깜깜하고 버스는 퇴근길에 오른 사람으로 북적였다. 너무 당황하면 아무 생각이 안 난다. 머릿속이 하얘져서 울지도 못하는데 어떤 언니가 말을 건넸다. "얘, 나랑 같이 내리자." 우리는 손을 꼭 잡고 길을 건너 다시 버스를 탔고 무사히 할머니 집 앞에 도착했다.

지금도 또각또각 멀어져 간 그 언니의 구두 소리를 잊지 못한다. 가끔 모르는 이에게 친절을 내주는 건 희미하게 남은 그 밤의 기억

때문이다. 실화냐고 묻는 게 안타깝다. 그 많은 호기심을 꾹꾹 누르고 말 잘 듣는 아이로 자라야 하는 현실과 이웃 어른의 배려를 있는 그대로 받을 수 없는 세상이 속상하다.

오늘도 텔레비전 뉴스나 인터넷 기사는 온갖 거칠고 자극적인 이야기로 넘친다. 그런 이야기가 진짜가 아니라 위그든 씨나 착한 언니가 가까이 사는 현실이 진짜면 좋겠다. 그래서 누구나 《위그든 씨의 사탕가게》를 쓰기 바란다.

- **독후감 팁** -
낯선 누군가에게 고마웠던 기억은 오래 긍정적 영향을 미친다. 좋았거나 좋지 않았던 기억을 불러와 자기를 돌아보는 기회로 삼는다.

7.
세상의 모든 완두에게
(완두, 다비드 칼리 글, 세바스티앙 무랭 그림, 진선아이)

어릴 적엔 작은 키에 비리비리했다. 딸 넷 중 첫째인 나만 작아서 부정을 탔다, 동생한테 뺏겨 못 먹어 그렇다는 이런저런 말을 많이 들었다. 내가 생각하기엔 그냥 안 먹은 탓이다. 부모님의 관심을 받으려고 무조건 입 닫는 걸 선택한 거다.

그 무모한 고집의 결과 초등학교에 입학한 이후 내 자리는 늘 교탁 바로 앞이거나 두 번째 줄이었다. 다행히 키가 더디게 자란 덕에 지금은 평균이라고 우기기도 하지만 사춘기 때는 자존감이 바닥이었다.

만약 그때 《완두》를 읽었다면 키 큰 아이 옆이라고 무조건 주눅 들진 않았을 거다. 꼬맹이라고 놀림받아도 그냥 씩 웃고 말았을 테고.

'완두'는 태어날 때부터 몸집이 완두콩처럼 아주 작다. 그래서 엄마가 직접 만들어 준 옷을 입고, 인형 친구들의 신발을 빌려 신는다. 침대는 성냥갑이 되기도 하고 고양이 등이 되기도 하고 마음 내키는 대로.

비록 몸이 완두콩이라고 생각과 행동까지 콩알일까. 혼자서도 뭐든 척척 해낸다. 글쓴이는 우리는 모두 같다는 듯 완두의 일상을 아무렇지 않게 그린다. 다만 살아가는 모습이 다를 뿐 기가 죽을 일이 뭐란 말인가.

하지만 학교는 또 다른 현실이다. 완두는 비로소 자기가 다른 사람에 비해 너무 작다고 깨닫는다. 책상이나 의자, 농구공 등이 보통 기준에 맞춰져 있어 어울리기 힘들었다. 이제 완두는 늘 혼자다.

선생님은 종일 그림을 그리며 시간을 보내는 완두를 보면서 생각한다. '가엾은 완두, 나중에 무엇이 될까?' 여기서 글쓴이의 톡톡 튀는 상상력과 따뜻한 유머가 빛을 발한다.

어느덧 완두는 여전히 작지만 어른이 되었다. 직접 지은 아주 예쁜 집도 있다. 정원에서 토마토도 기른다. 매일 아침 자동차를 타고 출근하는 곳도 생겼다.

작은 키로 할 수 있는 여러 가지 것들을 보다가 빵! 터졌다. 이토록 사랑스러운 책이 있다니. 작아도, 아주 작아도 위대한 예술가가 될 수 있다는 마지막 문장에 입꼬리가 올라간다.

내 삶에서 흔히 볼 수 있는 보통의 의미를 걸어 낸다. 더 이상 뭐어나지도 열등하지도 않은 중간 정도를 기대하지도 않을 거다. 삶은 하루하루가 특별하고 모든 사람이 자기만의 빛으로 반짝이기 때문이다.

다른 사람과 자기의 차이를 이해하고 사랑하며 행복하게 성장해 나가는 아이 완두. 이 순간부터 완두가 영주다.

- **독후감 팁** -

누구나 결핍이 있다. 그걸 꺼내는 건 쉽지 않은 일이다. 그럼에도 그걸 유쾌하게 풀어 낸 책으로 결핍과 마주하면 더 많이 성장할 수 있다.

8.
오늘 입은 옷이 바로 나
(옷장 속 인문학, 김홍기 글, 중앙북스)

봄이라고 뻣뻣한 마음에 산들바람이 분다. 나에게 선물을 주고 싶은 시기도 꽃이 피는 이 무렵이다. 열심히 주말 쇼핑을 계획하는데 《옷장 속 인문학》이 눈에 든다.

인류의 직계 조상인 호모사피엔스사피엔스가 동물 가죽으로 옷을 만들어 입은 걸 보면 옷은 인간의 역사만큼 길다. 건축이나 음식으로 역사를 익히듯 아무 생각 없이 입는다고 여긴 옷으로 인문학을 아는 것도 의미 있지 않을까.

국내 패션 큐레이터 1호인 글쓴이는 세상의 모든 사물은 자기 목소리를 지니고 그 목소리로 말을 건넨다고 믿는다. 그는 매일 옷장 앞에 서서 "누구를 만나서 무엇을 하고, 어떤 관점을 갖고 어떻게 세상을 바라봐야 하는지 아는 네가 되었으면 좋겠어."라는 옷의 말을 듣는다.

1부 제목이 '입는다, 고로 존재한다'인 이유를 알겠다. 옷은 한 인간의 삶 전체를 설명하는 사물이자 인간을 사회적 존재로 만드는 도구

아닌가. 달리 말하면 옷은 개인의 기억을 담아 놓은 화석인 셈이다.

 옷장을 보면 그 사람이 보인다는 말에 궁금증이 생긴다. 열어 보니 온통 회색이나 감색, 검은색이다. 한때 무조건 그런 색을 찾았다. 얼마 전부터 주황색이나 빨간색 옷을 사고 찢어진 청바지를 즐기는 이유를 내 안에서 찾는다. 그런 마음과 생각의 변화를 옷이 말한다니 신기하다.

 글쓴이는 스타일의 중요성을 강조한다. 개인의 정체성을 읽어 낼 수 있고 그 사람의 정신과 기질, 취향을 알 수 있다는 말. 그래서 코코 샤넬이 "대체 불가능한 인간이 되고 싶다면 반드시 남과 달라야 한다."라고 했을까. 밥을 짓고 집을 짓듯 자기가 생각하는 '아름다움의 기준'을 삶에 적용하면서 스타일을 만들어 가라는 말에 귀를 쫑긋 세운다.

 한 권의 책으로 시대의 역사와 내 역사를 넘기니 감회가 새롭다. 너무 많은 옷을 사서 그 기쁨을 잃어버렸다는 건 다른 사람 얘기다. 그렇다고 헐벗은 아픔도 없다. 동네 양아치가 빨랫줄에 걸린 우리 집 옷을 훔치기도 했으니까.

 사춘기 때 끄적거린 내 미래 모습은 편안하고 은은한 잔향을 지닌 사람이었다. 지금처럼만 하면 비슷해질 수 있다는 생각이 든다. 가끔은 방금 뿌린 향수 같은 그런 호기도 부려 볼 거다. 나만의 옷장을 갖는 일, 오늘 입은 옷이 바로 나라는 생각으로 옷장을 연다. 나는 봄이므로 옷도 봄이어야 한다. 주르르 훑는 손이 나비처럼 가볍다.

- **독후감 팁 -**

계절과 옷. 누구나 이 주제와 이어지는 소소한 이야기가 있지 않을까. 즐겁거나 아픈 기억을 소환해 다시 나아갈 힘을 얻는다.

9.
단정 짓는 일의 덧없음
(고래, 천명관 글, 문학동네)

《고래》는 장르의 구분이 없다. 초인적인 인물의 등장은 신화나 설화를 연상시킨다. 판소리의 유장한 가락과 신파극 변사가 들려주는 과장된 감정 분출과 이죽거림이 있다. 바닷가 결투 장면은 무협지나 성인 만화를 보는 느낌이다. 자연의 법칙, 습관의 법칙 등 이런저런 법칙을 세는 것도 깨알 재미다.

한마디로 소설이라 생각했던 상식을 깬다. 수상작 심사를 위해 모인 심사 위원이 당황한 것도 이해가 된다. 은희경 소설가는 "이 작가는 전통적 소설 학습이나 동시대의 소설 작품에 빚진 게 별로 없는 듯하다. 따라서 인물 성격, 언어 조탁, 효과적인 복선, 기승전결 구성 등의 기존 틀로 해석할 수 없는 것이다."라고 평했다.

그동안 소설 읽기는 줄거리를 읽고 느끼면 끝났다. 그런데 이 책은 심사평과 작가 인터뷰, 수상 소감까지 33페이지를 꼼꼼히 챙기게 했다. 그가 다양하고 다채로운 자양분을 흡수해서 자기만의 목소리로 만들어 낸 이유는 의외로 간단하다.

그는 자기의 몸 안에 한 세기를 살았던 할머니의 유전자와 지난 세기 위대했던 작가들의 이야기가 남았다고 했다. 이야기는 그렇게 시간을 가로지르며 생명을 연장해 가므로 소설을 쓴다는 건 지난 시대의 작가들과 다시 만나는 일일 뿐이란다.

작가만 지칭하는 말은 아닐 것이다. 수많은 시간이 켜켜이 쌓여 나까지 이르렀으니 이 책의 줄거리가 부풀린 남의 이야기라 할 수 없겠지. 다시 줄거리에 빠진다. 까마득한 옛날 박복한 국밥집 노파가 천장에 어마어마한 돈을 숨기고 죽었는데 그 돈을 찾아낸 사람이 금복이다. 그녀는 타고난 끼와 운으로 사내들과 세상을 희롱하지만 결국 그녀가 만든 대극장과 덧없이 사라진다.

춘희는 금복의 딸로 욕망으로 범벅이 된 사람 속에서 유일하게 순수한 마음을 갖고 있는 사람이다. 그런 영혼을 온전히 알아보는 존재가 점보라는 코끼리뿐인 게 비극이다. 사람은 가도 흔적은 남는다던가. 그녀가 만든 벽돌로 인해 '붉은 벽돌의 여왕'으로 기억된다는 슬픈 마무리가 단숨에 안긴다.

이 소설은 소설이 갈 수 있는 최대의 영역으로 갔다고 한다. 나도 몇 마디 단어로 단정 지을 수 없는 사람이 되고 싶다. 어느 순간부터 나를 판단하는 질문지가 놓이면 불편해졌다. 무슨 연구소 이름이 붙은 수십 개의 선택지도 풀어 봤고, 심지어 벗어 놓는 신발 모양을 물어 대답도 했는데 결과는 신통치 않았다. 내 안에 내가 너무 많은 건가. 끊임없이 물음표를 찍는 그런 삶을 살고 싶다.

- 독후감 팁 -
가끔 다양한 장르를 맛볼 수 있는 책을 발견한다. 그런 경우 개인의 경험과 연결하는 것보다 어떤 부분이 감동인지 언급하는 게 좋다.

10.
신들의 삶은 현재형
(뉴욕에 헤르메스가 산다, 한호림 글, 웅진지식하우스)

한 학생이 디오니소스를 물었다. 디오니소스는 그리스 신화에 등장하는 술의 신. 로마 신화에서는 바커스라고 한다. 중학생이 왜 술의 신에 꽂혔을까 궁금했는데 BTS의 신곡이다. 그룹 멤버인 제이홉이 작사, 작곡했는데 노래를 들어 보니 정말 술이 담겼다.

내친김에 생활 곳곳에 숨어 있는 신화의 흔적을 슬쩍 흘렸더니 눈이 동그래진다. 어벤져스 영화에 등장하는 토르는 북유럽의 천둥신이다. 미국의 스포츠용품 제조회사인 나이키는 승리의 여신 니케를 영어식으로 부른 이름이다. 나이키의 심벌은 승리의 V와 나이키 여신의 날개를 상징하고 있다.

이런 유용한 정보를 어디서 얻었을까. 《뉴욕에 헤르메스가 산다》가 비결이다. 현대의 최첨단 문명과 생활 속에 살아 숨 쉬는 그리스 신화의 탐색 기행기. "어떤 사람은 죽은 신화를 읽고 나서 금방 까먹고, 어떤 사람은 산 신화를 보면서 오래오래 즐긴다." 프롤로그 첫 문장인데 내가 바로 이 문장의 산증인인 셈이다.

학교에서 신화를 배울 때는 지루했다. 남의 나라 신화를 왜 들먹이는지 이해 불가였다. 만화로 된 시리즈물이 히트 칠 때도, 딸이 코를 박고 재미있게 읽을 때도 여전히 시큰둥했다. 신들이 바람을 피우거나 질투해서 벌어지는 사건 등을 통해 뭘 얻으라는 건지 통 알 수가 없었다.

나중에 인문학 공부를 하면서 고대인들이 다양한 신을 만들어 낸 이유와 그 결과로 철학, 과학, 의학 등 다양한 학문이 발전하게 되었다는 사실을 다시 확인했지만 즐거움이 재미로 연결되지 않는다는 게 공부의 한계 아닌가.

그러다 이 책을 읽고 신화와 사랑에 빠졌다. 알고 보니 각종 건축물과 조각상은 물론이고 상표명이나 간판 디자인까지 신화는 우리 곁에 무궁무진하게 많았다. 세계적인 타이어 회사 'Goodyear'에는 과학과 상업의 신 헤르메스의 날개 달린 신발이 그려져 있다. 일본의 '혼다' 오토바이 심벌에도 헤르메스의 날개가 있다.

그뿐인가. 꿈의 군함인 이지스는 아테나 여신의 '무엇이든지 막는 방패'에서 따온 이름이고, 목성의 위성은 모두 제우스와 관계 맺은 애인의 이름이다. 소방차와 구급차의 사이렌도 특별한 의미가 담겼다. 이렇듯 신화는 고대에 묻힌 게 아니라 여전히 진행 중이다. 94년생 제이홉이 디오니소스를 불러왔듯 드라마의 한 장면이나 광고에서 신화 속 인물을 만날지 모를 일이다.

 그러므로 반갑게 인사하고 창작에 도움을 받으려면 신화는 챙겨 읽어야 한다. 글쓴이가 즐겁게 발품 팔아 펴낸 이 책이 사랑받는 이유를 알겠다. 책을 읽은 김에 올빼미 인형 몇 개를 들였다. 지혜의 여신 아테나 어깨에 늘 앉아 있었다는 그 새. 뜬금없이 들인 이유를 궁금해하는 가족에게 이 책을 내민다.

- 독후감 팁 -

신화뿐 아니라 전설 혹은 옛이야기의 흔적은 어디에나 있다. 그만큼 연결 고리가 많다.

11.
섬뜩한 미래
(옛날에는 돼지들이 아주 똑똑했어요, 이민희 글·그림, 느림보)

　모처럼 장아찌를 만든다. 요리에 자신 없는 나를 다독인 친구의 황금 레시피. 양파를 잘라 유리병에 넣은 뒤 전날 끓여 놓은 양념만 부으면 끝이다. 그런데 양파 한 자루를 우습게 봤다. 눈물이 폭폭 쏟아진다. 틈틈이 껍질도 챙기고 밀린 설거지를 하다 보니 오전 시간이 쏜살같다.

　유명 셰프는 짧은 시간에 근사한 음식을 뚝딱 만드는 것 같지만 실은 그 전에 다듬고 씻는 보이지 않는 시간이 있다는 것을 웬만한 주부는 다 안다. 그래서 집안일을 하는 로봇이 있으면 좋겠다고 바랄밖에.

　그런 마음이 통했는지 너나없이 인공지능 개발에 뛰어들고 있다. 조만간 로봇이 냉장고나 자동차처럼 없으면 불편한 존재가 되지 않을까. 그렇게 되면 정말 편해서 좋을 것 같냐고 질문을 던지는 그림책이 《옛날에는 돼지들이 아주 똑똑했어요》이다. 간결한 문장과 쉽고 편하게 느껴지는 조형 언어로 현대 문명을 풍자한다.

옛날에는 아주 똑똑했던 돼지들. 멋진 건물도 짓고 어려운 연구도 해냈다. 틈틈이 재미있는 춤도 추지만 할 일이 너무 많아 마음껏 즐길 수 없었다. "누가 대신 일을 해 줄 수 없을까?" 궁리하던 그들은 사람들을 도시로 데려왔다. 다행히 사람들이 똑똑해서 돼지들은 그토록 바라던 춤을 실컷 추게 되었다.

오랜 시간이 지나 사람들은 아주 똑똑해져서 집을 짓고 도시를 만들었다. 그동안 오로지 춤만 췄던 돼지들은 그 자리를 사람에게 내어줄 수밖에 없다. 이제 세상의 주인이 된 사람은 어떻게 살려나. 그들은 돼지를 잊었다. 그래서 돼지들처럼 할 일이 많다고 로봇을 만든다. 이제 사람은 단추를 누르고 로봇이 집을 짓는다. 이야기는 여기서 끝나지만 누구라도 그다음 장면을 그릴 수 있다.

로댕의 〈생각하는 사람〉, 뭉크의 〈절규〉 등 유명 작품을 패러디한 이 책은 여백이 많다. 마치 물건들로 꽉 찬 마트에 있는 게 아니라 변두리 구멍가게에 들어선 느낌이다. 덕분에 숨 쉬기가 편안하다. 날마다 바빠 죽겠고, 과부하가 걸리기 직전의 나에게 이 바람 한 점은 무슨 의미일까.

자연이 하는 일에 하찮은 게 없듯 내가 먹고사는 일에도 가치 있고 없음의 구분이 따로 있지 않다. 너무 달리기만 하면 금세 지칠 것이다. 쉼도 필요하고 어느 정도 불편함을 감수하고 몸과 머리 쓰는 걸 귀찮게 여기지 않아야 인간으로 제 몫을 지킬 수 있지 않을까.

'불쾌한 골짜기'라는 말이 주목받는다. 로봇이 인간과 닮을수록 호감도가 증가하다 어느 구간에서 갑자기 강한 공포감이나 불쾌감을 느끼게 된다는 뜻이다. 책에 담긴 이야기가 현실이 되는 삶. 앉은 자리를 비켜 줄 것이 아니라 편하게 앉는 지혜가 필요한 지점에 온 게 분명하다.

- 독후감 팁 -

로봇과 공존하는 게 숙제다. 자존감을 지키며 함께 가는 방법을 돌아본다.

12.
괜찮은 벽
(시선으로부터, 정세랑 글, 문학동네)

"난정은 주로 책을 읽었고, 책을 읽고 난 다음에도 그 책에서 뻗어 나온 생각들을 머릿속으로 따라가기 바빠 앞뒤 좌우를 설명해 주지 않고 중간부터 대화를 시작하는 사람이었다. 좋은 배우자가 되기 위해선 귀찮게 하지 말고 그 뜬금없는 맥락을 가운데부터 잘 따라가야 했다."

난정과 명준은 부부라기보다 룸메이트에 가깝다. 한때 자식을 위해 함께 싸운 전우였고 지금은 각자의 생활 영역을 서로 침해하지 않는다. 신뢰할 수 있는 경제 공동체를 이루어 살며 하루에 한 끼 정도는 같이 먹는 사이다.

그녀는 자기 나름의 방식으로 배려하는 남편에게 "당신은 괜찮은 벽이야."라고 말한다. 명준뿐 아니라 가족 모두는 서로에게 괜찮은 벽이다. 마음 쓰임이 선명하진 않지만 흐리지 않은, 오래 보아도 눈이 편안한 빛 같은 벽.

《시선으로부터,》는 우리가 만들었으면 싶은 가족을 그리게 하는 책이다. 심시선은 유명한 화가를 만나지만 그는 가학적 성향이 있어서 남편이나 화가의 길을 이끌 멘토로 적당하지 않은 사람이었다. 그녀가 성공적인 결혼의 필수 요소를 "폭력성이나 비틀린 구석이 없는 상대와 좋은 섹스"라고 말한 건 모두 경험에서 우러난 생각이었다.

그녀는 제사 문화가 형식만 남고 마음이 사라지면 고생이라는 반대 의견을 밝힌다. 자식을 살뜰히 챙기며 살림을 야무지게 하는 전통적인 엄마도 아니었고 할 말을 참지 못하는 성격이라 입방아에도 자주 오른다. 그럼에도 웬만한 헛디딤에는 눈 깜짝하지 않았고 세속적인 기준으로 자식을 비난하거나 편애하지 않았다. 지난한 삶을 살면서도 다음 세대는 다를 거라 믿었다.

그녀가 떠난 후 가족들은 어떤 삶을 살고 있을까. 10년 만에 제사를 지내기 위해 하와이로 떠난 그들은 저마다의 방식으로 시선을 추억하면서 제사상에 올릴 걸 준비한다. 우리는 그 손길을 돕고 함께 걸으며 사는 게 특별히 남다르지 않음을 알게 된다.

화수는 염산 테러를 겪고, 명혜는 여성 혐오적인 언행들과 부적절한 접근에 상처받았으며, 해림은 쓸모없어 보이는 과열 경쟁의 경로에서 벗어나 자기가 원하는 삶을 살 수 있을까 고민한다. 그들을 위로하고 응원하는 "모든 면에서 닳아 없어지지 말라."라는 시선의 말은 글쓴이의 마음이기도 하다.

"우린 정말 하와이에서 만나 제사를 지내야 해."라는 엄마의 농담과 한국전쟁 중 국군의 손에 돌아가신 작은할아버지의 비극을 빌려 이 책을 쓴 글쓴이. 돌아가신 할머니의 이름을 바꿔 심시선을 빚고 자신의 계보가 김명순이나 나혜석에게 있음을 기뻐한다. 존재한 적 없던 심시선처럼 죽는 날까지 쓰겠다는 그의 말이 반갑다.

책만 좋아하는 나도 딱 난정이라 앞뒤를 잘라먹고 중간만 툭 던지곤 한다. 뜬금없는 내 말이 통한 이유는 가족이 나를 성가시게 하지 않으려고 그들 나름의 마음을 썼기에 가능했다. 같이 산다는 건 다른 사람은 모르는 문제를 무던히 넘기는 거 아닐까.

시선은 기세 좋은 여자였다. 그녀의 말에 숨이 트이고 바람이 든다. 문득 올려다보니 하늘이 맑다. 세상은 이래야 한다. 스스로 괜찮은 벽으로 서고, 타인의 벽에 기댈 수 있는 삶을 만들고 싶다. 오늘은 영주로부터,

– 독후감 팁 –

주변 인물에게 시선이 갈 때가 있다. 이렇게 자기에게 닿은 사건이나 인물에게 집중하면 자기를 만나게 된다.

13.
꼰대입니까
(90년생이 온다, 임홍택 글, 웨일북)

딸이 음식점에서 알바를 하더니 세 가지 부탁을 했다. 직원에게 반말하지 말고, 문 닫는 시간에 일어나지 말 것. 직원을 불러 놓고 메뉴를 정하지 말 것. 반말이 익숙하지 않은 사람이라 첫 번째 부탁은 자신 있었고 다른 부탁은 부담이 됐다. 폐점 전에 일어나는 손님의 배려를 했었나 싶었고, 직원을 불러 놓곤 메뉴를 골랐던 모습이 떠올랐던 거다.

딸은 이렇게 내가 미처 생각하지 못했던 면을 알려 주기도 하고, 잘못 알던 것을 제대로 짚어 주기도 한다. 솔직히 처음에는 잔소리 같아 불쾌했는데 가만히 되새겨 보면 다 맞는 말이다. 그래서 지금은 어떤 말이든 귀담아듣는다.

《90년생이 온다》는 딸 관찰기 혹은 딸에게 좋은 세상 만들기의 다른 표현이다. "내가 이제는 새로운 것이 아닐지도 모른다."라는 글쓴이의 말은 사실을 인정하고, 자연스럽게 새로운 세대를 맞이하며 공존의 길을 찾자는 내 마음이기 때문이다.

90년생의 특징은 '간단하거나, 재미있거나, 정직하거나'이다. 그들은 길고 복잡한 것을 싫어하고 삶의 목적을 추구하는 게 아니라 삶의 유희를 추구한다. 정치, 사회, 경제 모든 분야에서 완전무결한 정직을 요구하므로 당연히 혈연, 지연, 학연은 있을 수 없다.

그동안 딸에게 물들었는지 아니면 삶의 때가 묻은 게 부끄러웠는지 이들의 특징에 마음이 간다. 끼니를 때우기 위해 먹는 게 아니라 무엇을 먹어서 즐거울지가 중요한 삶, 정직함과 신뢰를 시스템화시키는 것, 참 좋다. 부동산 실제 거래 가격을 알려 주는 앱을 설치한 뒤 그동안 허위 매물에 휘둘렸다는 걸 깨닫는다.

나는 거의 매일같이 출근 시간인 8시 30분에 딱 맞춰 출근하는 사원에게 최소 10분은 일찍 오는 것이 예의라고 했더니 그 직원이 했다는 대답에 빵 터졌다. "빨리 온다고 돈을 더 주는 것도 아닌데 제가 왜 정해진 시간보다 일찍 와야 하나요? 10분 전에 오는 것이 예의면 퇴근 10분 전에 컴퓨터 끄고 게이트 앞에 대기해도 되나요?"

나 역시 상사가 퇴근하길 기다리며 하염없이 앉아 있었고 야근하는 직원에게 무조건 높은 평가를 주는 회사 분위기로 스트레스를 받았다. 그럼에도 출근은 조금 일찍 와서 준비하는 게 좋다고 생각한다. 영락없는 꼰대다.

앞으로 비즈니스 현장에서 주류로 부상하게 될 90년 이후에 출생한 세대. 전략을 만드는 것도 사람이고, 그 전략을 실행하는 것도 사람이니까 결국 이들을 이해하고 활용하는 여부에 따라 비즈니스의 성패가 달려 있다.

중국의 마윈은 "젊은 세대를 믿는 것이야말로 미래를 믿는 것"이라고 말했다. 그는 각종 인사 제도로 소통과 수평적인 문화를 장려했다. 신세대를 비판하는 일이 있었을 때도 진짜 문제는 기성세대라며 무한한 신뢰를 보냈고, 덕분에 알리바바는 세계 최대의 온라인 쇼핑 플랫폼으로 성장했다.

딸에게 지난 경험을 꺼내 줄 시간에 함께 배우는 게 낫다는 생각이다. 진상 손님이나 호갱이 되지 않는 길은 그들의 말을 가슴에 새기는 일이다. 90년생이 있어 꼰대의 길에서 멀어지는 이 삶이 참 고맙다.

- **독후감 팁** -
우리는 틀린 생각을 갖는 게 아니라 다른 생각을 갖는다. 늘 열려 있는 마음을 가져야 꼰대로 가는 길에서 벗어난다.

14.
부끄러운 깨달음
(그쪽의 풍경은 환한가, 심보선 글, 문학동네)

예전 직장에서 비정규직에 청소하는 아주머니 한 분이 있었다. 맡은 일은 달라도 같은 회사에서 일한다는 공통점이 있는데 왜 비정규직인가. 그 아주머니가 오기 전에 일했던 분이 성실하지 않았던 모양이다. 그만두게 하는 데 애를 먹었다는 답이 돌아왔다.

정확히 말하면 그분은 비정규직이 아니었다. 용역회사 소속으로 우리 회사에 파견된 이방인 아닌 이방인. 우리 회사는 그게 최선이었다. 일하던 사람이 마음에 들지 않으면 용역회사에 교체를 요구하면 되니까 신경 쓸 게 없는 조건이었다.

나는 그 조건이 거슬렸다. 월급명세서를 보곤 기가 막혔다. 용역회사는 매달 교육 및 관리 명목으로 전체 금액의 30%에 가까운 금액을 공제하고 있었다. 새로운 직장에 파견될 때만 소개비 명목으로 공제하는 게 아니라 다니는 동안 늘 부담하는 금액이니까 결국 용역회사만 배를 불리는 시스템이었다.

전임자가 일을 못한 결과가 후임자에게 그런 식으로 영향을 미치면 안 된다. 무엇보다 매일 얼굴을 보는 아주머니의 웃는 모습을 보고 싶었다. 자기가 어떤 과정으로 정규직이 됐는지 알게 된 그분이 어떻게 일을 했는지는 굳이 설명할 필요가 없다.

《그쪽의 풍경은 환한가》에서 글쓴이는 더불어 사는 기적을 소망한다. 그는 늘 영혼과 예술 그리고 공동체라는 인생의 화두를 붙잡고 산다. 알려 해도 알 수 없지만 알고 싶은 마음을 그칠 수 없다는 그는 그래서 글을 쓴다.

시인이면서 사회학자인 그가 지켜본 곳은 우리 곁에 있지만 쉽게 눈에 띄지 않던 곳이다. 어쩌면 불편해서 일부러 피했던 곳인지도 모른다. 남북 간 군사적 긴장이 늘 있는 비무장지대, 노동자들이 철탑과 다리에 매달린 채 고공 농성을 벌이는 현장, 지금은 흔적조차 남지 않은 용산 그리고 잊지 않겠다고 약속했던 세월호까지.

그는 고공 농성 노동자에게 트위터로 소설, 시, 개인적인 메시지를 녹음하여 육성으로 들려주는 '소리 연대'를 제안했다. 이 기획의 참여자들은 평소에 쓰거나 읽은 글의 등장인물, 일상적 인물에 노동자를 연결했다. 그는 이 텍스트가 육성으로 낭독되는 순간 피드백이 되어 낭독자의 현실을 바꾸는 걸 확인했다.

어떤 참여자는 "요즘 계속 마음이 불편하다. 고공 농성자분을 위한 소리 연대에 메시지 녹음을 보낸 후로 내가 매일 보고 느끼고 행동하던 것들이 너무 벅차고 괜히 계속 죄송스러운 마음이 든다."라며 이를 '부끄러운 깨달음'이라고 했다.

 부끄러운 깨달음. 이 감정이 공감으로 나아간다. 나와 다른 사람의 거리를 아프게 확인하는 동시에 그것을 소멸시키고 싶은 간절한 마음이 표현되는 그게 진정한 공감이다. 내가 청소하는 아주머니에게 느꼈던 그 감정은 부끄러움이었다. 사람 사이의 높낮이를 없애고 거리를 좁히는 일에 게으르지 않기를 바란다. 그쪽의 풍경도 환한 걸 보고 싶다.

- 독후감 팁 -

관심과 배려는 소홀히 할 수 없는 기본 중의 기본. 연대의 의미를 되새긴다.

15.
차마 할 수 없는 일
(나를 보내지 마, 가즈오 이시구로 글, 민음사)

드론으로 물건을 배달받고 자율주행차에 앉아 책을 읽거나 영화를 보며 목적지에 가는 일이 가능해졌다. 우주여행을 가고 냉동 상태였던 인간이 다시 삶을 살게 되는 세상. 도시의 수직농장에서 30모작을 할 수 있다니 인간의 상상력과 능력은 놀랍다.

지금까지 과학은 우리가 불가능하다고 생각했던 것을 가능하게 만들어 왔으니, 복제 인간과 유전자 조작 인간도 나타날 가능성이 높다. 그게 과학의 몫이지만 잠시 멈춰 인간이 걸어갈 길을 고민해 봤으면 좋겠다는 생각이 《나를 보내지 마》를 읽으며 들었다.

영국의 기숙학교 헤일셤. 학생에게 예술 활동과 체육 활동의 기회를 많이 주는 학교다. 그들은 도서실의 커다란 참나무 탁자에 둘러앉아 희곡을 낭독했고 연못 주변을 거닐며 우정을 나눴다. 간병사, 기증, 장기 같은 낯선 단어만 없으면 주위에서 쉽게 볼 수 있는 평범한 학교다.

그들은 자기가 복제 인간이라는 걸 알았을 때 상반된 반응을 보인다. 근원자를 찾아내면 자기가 어떤 사람이 될 것인지 짐작할 수 있을 거라고 본 학생이 있었고, 근원자를 신경 쓰는 건 어리석다고 여긴 학생이 있었다.

이렇게 표현은 달랐지만 진짜 자기에 대한 깊은 통찰과 고민은 누구나 갖고 있는 공통점이었다. 사랑에 빠진 캐시와 토미가 교장을 찾아가 집행 연기를 받으려 했던 이유도 몇 년간이라도 둘만의 삶을 살겠다는 희망 때문이었다.

하지만 그들은 절망적인 답을 듣는다. 교장이 헤일셤을 세운 목적은 복제 인간도 영혼이 있음을 증명해 보이기 위해서였다. 그들의 예술 작품에서 그걸 확인하곤 기뻐했지만 교양 있는 복제 인간을 키우는, 딱 거기까지가 한계였다.

알고 보니 수많은 학생이 통탄할 만한 환경에서 사육되고 있었다. 사람에게 클론은 그저 의학 재료를 공급하기 위한 존재에 불과했다. 불치병이 치유될 수 있는데 그 통로인 복제 인간을 포기할 수 있나. 후퇴라는 말을 도저히 꺼내기 힘든 상황이 되어 버렸다.

그래서 최선을 다해 복제 인간의 존재를 생각하지 않으려고 했다. 별개의 존재라고, 인간 이하의 존재들이라고 스스로 이해하려고 했다. 어떤 상황에서 어떻게 성장하는지 관심을 기울이지 않았다.

거칠고 잔인한 세상. 그들이 바라본 우리네 삶이다. '인간답다', '인간답지 않다'의 기준을 무엇으로 삼을 것인가. 실수나 잘못을 인정하고 그 고백의 무게를 감당할 힘이 우리에겐 없는 걸까.

나 역시 급성백혈병으로 세상을 뜬 아버지의 덧없는 죽음과 폐에 문제가 생겨 중환자실로 실려 간 딸을 보면서 아프지 않고 살 수 있기를 바랐다. 치매에 걸려 내 존재를 잊기 전에 예방법이 나오길 희망한다. 더 이상 선천적인 장애를 갖고 태어나는 아기가 없었으면 좋겠다.

하지만 그런 삶을 위해 복제 인간이 필요하다면 잠시 숨을 고르고 싶다. "나를 보내지 마."라는 말이 절규처럼, 체념처럼 들려서다. 한없이 '인간적'인 이들의 존재 앞에 저절로 숙이게 되는 머리. 앞으로 살아갈 길이 숙제다. 부디 내가 잘 걸을 수 있기를 바라며 이 책을 곁에 둔다.

- **독후감 팁** -
건강하게 오래 살기를 바라지만 그 길은 진지한 고민 끝에 나와야 하고, 누군가의 삶을 담보로 하면 안 된다. 책에서 지혜를 캔다.

16.
그의 글을 읽고 싶다
(자기 앞의 생, 에밀 아자르 글, 문학동네)

책을 읽곤 바로 느낌이나 생각을 풀고 싶을 때가 있고 시간이 필요할 때가 있다. 열네 살에 세상을 다 알아 버린 모모. "너를 낳아 준 사람이 있다는 유일한 증거는 너 자신뿐이란다."라는 말에 절망하는 그를 오래 안아 주고 싶었다.

《자기 앞의 생》은 모모의 삶으로 생각거리를 많이 주는 책이다. 그는 부모의 존재를 모른 채 엘리베이터도 없는 건물 칠 층에 산다. 로자 아줌마는 유태인 수용소에서 살아 돌아와 모모와 비슷한 처지의 아이를 돌본다.

그녀는 엘리베이터 하나쯤은 갖추어진 아파트에서 살 만한 자격이 있는 여자다. 온 동네 사람 전체가 그렇다. 사람은 사랑 없이 살 수 없다는 하밀 할아버지가 그렇고 입양할 권리조차 없으면서도 죽어 가는 아줌마와 모모를 챙기는 롤라 아줌마가 그렇다. 그들이 매춘부 혹은 아랍인이라고 멸시를 당해도 부르는 이름이 전부는 아니니까.

그래서 모모는 세상이 밉고 싫어 죽겠는데도 사랑을 알아 간다. 가족이란 알고 보면 아무것도 아니라는 말에 슬픔을 가라앉히고 우산에 옷을 입혀 친구로 삼고 다녀도 비웃지 않는 반응 앞에서 가슴을 편다. 어떤 약속도 할 순 없지만 더 두고 봐야 할 것 같다는 말이 그저 반갑기만 하다.

나는 철이 일찍 들었다는 말을 싫어했다. 어리광이나 말썽을 부릴 나이가 따로 있고 엇나갔다 돌아올 때도 정해져 있다고 생각했기 때문이다. 모모는 고생은 그냥 고생일 뿐이라는 나를 다독인다. 자기는 그런 삶에서 철학을 배웠고, 나중에 불쌍한 사람들에 대해 글 쓰는 사람이 되고 싶다고 말이다.

그는 진짜로 삶의 지혜와 사랑이 넘치는 글을 쓸 것 같다. "미친 사람들만이 생의 맛을 알 수 있어."라는 삶을 살 것 같은 예감이 든다. 차별과 편견을 이기고 자기에게 주어진 삶을 특별하고 소중하게 만든 이웃이 있으니까 아무리 냉소적인 미소를 띠고 날선 말을 내뱉어도 그건 가짜다. 가짜는 진짜 앞에서 힘을 못 쓴다.

인생은 늘 문제를 내지만 누구나 답을 찾는 건 아니다. 답을 모르는 사람, 너무 늦게 찾는 사람, 찾아도 그 쓸모를 모르는 사람. 나는 글쓴이가 모모를 시켜 힌트를 주려는 것 같다. 깊이 있고 삶의 정답을 찾는 데 도움이 될 만한 글들로 가득해서다. 밑줄 긋고 소리 내 읽으면서 삶을 바라보는 이 시간이 더없이 즐겁다. 그의 글을 기다리는 날이 지루하지 않다.

- 독후감 팁 -

누구나 치열한 젊음을 보낸다. 지난 시절의 자기를 만나 안아 주는 경험은 꼭 필요하다.

17.
너무 늦은 깨달음
(돈의 속성, 김승호 글, 스노우폭스북스)

《돈의 속성》에서 글쓴이는 돈을 인격체로 표현했다. 어떤 돈은 사람같이 어울리기 좋아하고 몰려다니며, 어떤 돈은 숨어서 평생을 지내기도 한다고 생각했다. 자기들끼리 주로 가는 곳이 따로 있고 유행에 따라 모이고 흩어지는 특징을 보이니까 함께 사는 법을 배워야 한다는 뜻이다. 그는 이론만 빠삭한 게 아니라 성공과 실패를 거듭하며 부를 이뤘고 그 경험을 이 책에 담았다.

어릴 적에 돈은 느닷없이 들이닥친 도둑 같았다. 신용금고에 다녔던 아버지는 당신 회사에 저축했다. 하지만 회사가 부도를 내자 적금도 퇴직금도 받지 못한 채 실업자가 되었다. 달랑 갖고 있는 집 한 채로 해결이 어려웠는지 이웃에게 돈을 빌렸는데 이자가 지금의 제2금융권 이자보다 높았다. 매일 보는 옆집 아줌마가 웃으면서 등을 친 이유가 바로 돈이었다.

결국 집이 남의 손에 넘어갔고 처자식에게 좋은 날을 만들어 주고 싶었던 가장의 희망은 허망하게 끝났다. 아버지는 그 돈을 지킬 수 없었을까. 일단 당신이 다니는 직장의 재무 상태에 관심을 가졌어야 했다. 다른 금융권을 이용하고 부동산과 주식에 분산 투자하는 시야가 필요했다. 사채가 우리 집을 좀먹을 때 결단을 내렸어야 했다. 무조건 믿는 건 좋은 처세술이 아니었다.

글쓴이는 종잣돈과 투자가 중요하다고 하지만 그 돈을 마련하는 게 진정한 꿈인 사람이 있다. 국가나 사회의 시스템이 지켜 줄 거라는 바람이 무너질 때가 있다. 그래도 그의 말은 읽는 이의 마음을 움직인다. 나는 이 책을 읽고 신용카드를 잘랐다. 무이자 할부에 혹했던 마음을 다잡고, 이자가 저렴하다며 빌려주는 돈을 넙죽 받지도 않겠다. 그의 조언대로 순전히 내 삶의 주인으로 경제적 여유를 얻겠다.

오래전부터 경제적 고통을 겪는 이에게 가난은 부끄러운 게 아니라 다만 불편할 뿐이라고 위로했다. 지금 이 말을 그대로 믿는 사람이 있을까. 나는 마음의 가난은 명상과 독서로 보충할 수 있지만 경제적 가난은 모든 선한 의지를 거두어 가고 마지막 한 방울 남은 자존감마저 앗아 간다는 그의 말을 믿는다. 빈곤은 예의도 품위도 없다는 말에 공감한다. 돈이 삶의 전부는 아니지만 중요한 부분을 차지하니까.

그는 엄청난 부자지만 자기 돈과 남의 돈을 똑같이 귀하게 여긴다. 선배와 친구를 존중하고 후배나 제자에게 다정하다. 인간의 마음은 말에 나타나고 정이 없으면 남을 감동하게 만들거나 바꿀 수 없다는 논리다. 진정성을 갖고 관계를 맺는다는 그가 존경스럽다. 그가 예전에 걸었던 길과 현재의 모습을 보니 경제 분야의 멘토로 삼아도 좋겠다. 이런 사람과 친하게 지낼 생각을 왜 못했는지.

나는 이 책에 한 가지를 얹는다. 아버지는 본인의 노력으로 어쩌지 못한 부분이 있었다. 남편과 나는 둘 다 공무원이었지만 큰 병에 대책 없이 넘겨졌다. 빈곤은 다 이유가 있다. 특히 질병은 절대적인 힘을 휘두른다. 몸과 마음이 건강해야 돈을 벌고 그 돈이 가져다주는 여유를 누릴 수 있다.

빈곤이 그렇듯 부자도 그냥 되는 게 아니다. 기준을 어디에 두느냐의 중요함도 느꼈다. 모두가 부자 되기를 바란다는 그의 말이 나를 일으켜 세운다. 다시 꿈꿀 수 있어서 좋은 날이다. 돈이 반가운 손님처럼 오기를.

- 독후감 팁 -

돈을 다룬 수많은 책. 그만큼 우리 삶에서 중요하다는 증거다. 특별히 반성하게 되는 내용을 담는다.

18.
지금 사랑이어야 한다면
(매디슨 카운티의 다리, 로버트 제임스 월러 글, 시공사)

애인을 두는 일이 유행이던 때가 있었다. 사람을 사랑하는 일이 마트에 가서 입맛대로 물건 고르듯 간단한 일인가. 사랑에 빠지겠다고 결심만 하면 그렇게 되는 건가. 《매디슨 카운티의 다리》에서 로버트와 프란체스카가 그랬듯 서로를 끌어당기는 어떤 힘이 있어야 가능하다고 생각했다. 아름다우면서 단순한 자석 같은 그런 힘이 언젠가는 내게도 일어나길 바랐다.

집을 떠나는 일이 잦은 사진작가 로버트 킨케이드. 어릴 때부터 자기 안에 혼자만의 공간을 두는 일이 좋았던 그는 자유로우면서도 단단하고 유려한 깊이를 지녔다. 프란체스카도 마찬가지다. 얼핏 보면 작은 도시에 사는 평범한 중년의 여자 같지만 지적인 분위기를 지닌 여인이었다. 로버트는 그녀를 단번에 알아본다. 사진을 찍는 대상은 피사체가 아니라 빛인 걸 아는 그래서 외모만 예쁜 젊은 여자는 절대 가질 수 없는 깊이가 보였던 거다.

두 사람에게 쉰두 살과 마흔다섯이란 나이는 숫자에 불과했다. 둘은 "애매함으로 둘러싸인 이 우주에서, 이런 확실한 감정은 단 한

번만 오는 거요. 몇 번을 다시 살더라도, 다시는 오지 않을 거요."라는 말처럼 서로에게 빠져든다. 그 모습은 잔잔히 그리고 격정적으로 흐르는 음악이고 춤이다. 이런 사랑이라면, 이런 남자라면 어떤 비난도 감수할 수 있지 않을까.

잠시 집을 비웠던 가족이 돌아올 시간. 그녀는 떠날 것인가 아니면 남을 것인가를 고민한다. 지극히 현실적인 선택을 하지만 그래서 이 소설은 특별해진다. 차마 내밀지 못하고 거두었던 손. 이제 남은 삶은 오직 서로를 향한다. "나는 여기서 내 안에 있는 다른 사람과 함께 거닐고 있소. 우리가 헤어지던 날, 내가 말했지요. 우리 둘에서 제3의 인물이 창조되었다고. 어떻게든 우리는 다시 만나야 하오. 어디서든, 언제든."

단 4일간의 만남과 22년의 그리움. 아무것도 모른 채 자란 남매는 엄마의 죽음 후 그 사랑이 담긴 기록을 들고 작가를 찾는다. 모든 형태의 신뢰가 산산조각 나고, 사랑이 편리성의 문제가 되어 버린 이 세상에서 진정한 만남이 과연 무엇인가에 대한 답을 얻을 수 있기를 바라서다. 프란체스카가 그랬던 것처럼 사랑은 무심했던 자기 가슴 안에서 다시 춤출 수 있는 여유를 발견하는 일이어야 하니까.

로버트 같은 사람을 만나고 싶었으나 나는 프란체스카가 아니니까 불가능한 바람이다. 그래서 이 책은 갖고 있는 책 중에서 유일하게 닳고 닳은 책이다. 너무 읽어서 어디에 어떤 문장이 있는지, 어떻게 서로를 바라보고 만지고 잃었는지를 안다. 어쩌면 종이가 삭아서 없어질 때까지 만지작거릴지도 모르겠다. 내게 어떤 기적이 일어난다면 그건 막장 드라마 속 사랑이 아니라 로버트와 프란체스카가 했던 그런 사랑이겠지.

- 독후감 팁 -

사랑만큼 쉽고 어려운 게 있을까. 사랑을 바라보는 관점도 나이나 상황에 따라 달라진다. 모든 사랑이 개별적이고 풍부하며 정답이 없다.

19.
남의 일이 아니야
(오늘부터 나는 세계 시민입니다, 공윤희·윤예림 글, 배성규 그림, 창비교육)

《오늘부터 나는 세계 시민입니다》는 지속 가능한 발전을 다룬 책이다. 세상이 발전하면 신세계가 열릴 것이라 기대했지만 오히려 끝을 향해 달리고 있다는 생각에 섬뜩하다. 더 늦기 전에 '누구도 소외되지 않는' 발전을 추구하자는 게 유엔이 발표한 지속가능발전목표의 핵심 원칙이다.

책에 실린 17개 분야는 유엔이 지정한 다양한 세계 기념일을 물꼬로 삼았다. 여성의 날, 물의 날, 아동노동 반대의 날처럼 익히 그 배경을 짐작할 수 있는 기념일도 있고 도시의 날, 관광의 날처럼 좋은 의미인지 나쁜 의미인지 아리송한 기념일도 있다. 물론 책을 읽으면 그 기념일을 제정하게 된 이유가 명확히 이해된다.

나는 우리나라에서 개최된 올림픽을 자랑스럽게 생각했지 72만 명의 철거민이 있었다는 사실은 알지 못했다. 지금은 없는 사람이 살기 좋은가. 소위 '떴다' 하는 지역의 상인은 비싼 임대료로 밀려나고, '조물주 위에 건물주'라는 말은 세입자의 현실을 대변한다. 공간은 돈벌이 수단이 아니라 추억을 만드는 공간이어야 하지 않을까.

이 밖에 기부 물품이 그 지역의 경제를 해칠 수 있다는 것을 알았고, 빈곤 포르노가 갖는 문제점과 식량 원조를 할 때도 버락 오바마 대통령이 주장했던 것처럼 현지나 근처 국가에서 구하는 게 낫다는 말에 공감했다. 우리는 몰라서 안 한 것보다 온갖 이해관계에 얽혀 모른 척하거나 알고도 안 하고 있었다.

멋진 지구인이 되려면 그 방법을 찾아서 실천하면 된다. 이 책엔 그 예가 실려 있어서 참고하기 좋다. 세상의 모든 변화는 나부터 시작된다는 글쓴이의 부탁을 외면하면 안 된다.

- 독후감 팁 -

어느 때보다 환경에 관심이 높아졌다. 지속 가능한 발전을 위해서 어떻게 하고 있는지, 새롭게 알게 된 것은 무엇인지 생각한다.

20.
존중받아야 할 삶
(밤에 우리 영혼은, 켄트 하루프 글, 뮤진트리)

아버지가 돌아가셨을 때 엄마 나이가 오십이었다. 그때 나는 아버지는 한 명이면 좋겠다는 말로 엄마의 옆자리를 치웠다. 그렇게 삼십 년 넘게 빈자리다. 《밤에 우리 영혼은》을 읽으며 든 생각, 도대체 난 무슨 짓을 한 걸까.

어느 저녁 애디는 루이스를 찾아간다. "가끔 나하고 자러 우리 집에 올 생각이 있는지 궁금해요." 둘 다 혼자며 외로우니까 이야기를 나누며 잠을 자자는 말이다. 섹스는 없는, 그저 좋은 사람이 가까이 있는 걸 느끼는 그런 밤. 그렇게 루이스는 잠옷과 칫솔이 든 종이봉지를 들고 일흔 살이 된 그녀를 찾아간다.

작은 마을이라 그들은 곧 입방아에 오르내린다. 그럼에도 의연하다. 너무 오래, 평생을 사람들이 어떻게 생각하는지 살피며 살았다. 그들이 서로의 결혼 생활과 자녀, 꿈을 묻고, 카페 찾기나 장보기 같은 소소한 일상을 즐기는 모습은 더할 나위 없이 아름답다.

그런데 애디의 아들이 눈에 쌍심지를 켜고 반대한다. 남부끄럽다,

돈이 탐나서 그러는 거 아니냐, 가족과 그 남자 중 선택해라. 글쓴이가 우리에게 건네는 말은 간단하고 명확하다. 왜 인간은 다른 사람이 찾은 방식대로 살게 내버려두지 않는가. 왜 나 같은 실수를 하는 사람이 이렇게 많은가.

　엄마에게 지금이라도 남자를 만나시라고 했더니 손사래를 치신다. 모든 건 때가 있는 것 같기도 하고 아닌 것 같기도 하고. 그저 많이 미안한 마음이다. 그래서 더 타인의 삶을 존중하려고 노력한다. 우리에게 손잡고 잠들 수 있는 밤이 특별하지 않기를. 나도 애디처럼 용기 있기를.

- 독후감 팁 -

수명이 길어지면서 노인의 성과 사랑에 관심이 높아진다. 이 책을 읽고 노년을 그려 본다.

21.
내 이야기
(명랑한 은둔자, 캐롤라인 냅 글, 바다출판사)

《명랑한 은둔자》는 글쓴이가 자기의 알코올 중독과 섭식장애, 부모의 죽음을 맞는 애도 과정과 내면 등을 고백한 글 모음인데 나는 마치 내 고백인 듯한 느낌을 받았다. 그만큼 우린 닮은 데가 많다.

그녀는 불안을 희석하고 두려움을 가라앉히기 위해, 긴 하루 끝에 주는 보상으로 술을 마셨다. 술을 책으로 바꾸면 글자 중독인 내 설명이 가능하다. 재미있어서 읽는다곤 하나 책은 도피처다. 물론 술과 책을 단순히 비교할 순 없지만 중독으로 보면 문제가 되는 부분이 겹친다. 그래서 그녀가 술에서 벗어나려고 한 것처럼 나도 글자 아닌 것에서 즐거움을 찾고 있다.

우린 삶의 방식도 비슷하다. 그녀는 '사적인 공간이 충분하되 지속적인 교유가 있는' 삶을 지향한 작가 캐럴린 하일브런처럼 살고 싶어 했고 실제로 그렇게 살았다. 나도 그런 삶을 꿈꾼다. 조용한 삶과 공허한 삶은 다르니까 자기의 필요로 선택된 고독이면 기꺼이 받아들여야겠지. 그녀가 지칭한 명랑한 은둔자란 표현을 자주 쓰고 싶다. 진심으로.

그녀와 나는 숫기가 없는 공통점이 있는데 여기엔 미세한 차이가 있다. 나는 수줍음을 많이 타면서도 다정하고 호기심이 많은 '숫기 없는 외향적' 성격이라 남을 편하게 하지만 그녀는 수줍음과 침착함이 모여 냉담함으로 해석되기 쉬운 무표정한 표정을 짓는다. 어쨌든 내 성격을 온전히 이해할 수 있어 좋았고 그녀의 글로 숫기 없는 나를 배려받는 느낌을 받았다.

다만 관계를 이어 가는 방식은 배우고 싶었다. 그녀는 나이가 들면서 기능하는 우정과 망가진 우정을 빨리 구별하게 됐고, 더 이상 작동하지 않는 관계는 쉽게 끊게 되었다고 했다. 유대감에서 결함이 발견되면 그 이유를 자기 탓으로 돌렸는데 우정에 얽매이지 않으니까 그 관계가 다시 보이더라고. 답을 얻어 앞으로는 자유로운 영주로 살겠다.

- 독후감 팁 -

자기 이야기인 책을 발견할 때가 있다. 그런 부분을 찾아 자기를 다시 만나는 시간을 가진다.

22.
나이 듦에 대해
(노인과 바다, 어니스트 헤밍웨이 글, 민음사)

《노인과 바다》에서 산티아고는 인간의 삶에서 켜켜이 쌓인 경험과 생각을 줄이고 또 줄이다 보면 마지막엔 뭐가 남는지를 보여 준다. 비록 분량은 120페이지 남짓이지만 수백 권을 읽은 듯 충만한 건 그가 닮고 싶은 사람으로 내 마음에 확고히 자리 잡아서다.

84일째 한 마리의 고기도 잡지 못한 그는 어느 날 혼자 나간 먼바다에서 배보다 큰 청새치를 낚는다. 하지만 상대는 호락호락하게 자기를 내어주지 않았다. 며칠간의 실랑이 끝에 성공해 뱃전에 묶어 놓지만 이번에는 청새치를 노린 상어 떼의 공격을 받는다. 결국 항구에 도착했을 땐 청새치의 거대한 뼈만 덩그러니 남았다.

그는 청새치를 참으로 훌륭한 놈이라고, 당당한 거동과 위엄을 보면 인간은 그 고기를 먹을 자격도 없다고 자기를 낮춘다. 바닷가에서 살기 위해 어쩔 수 없이 고기를 잡아야 하는 삶. 그래서 고기는 진정한 형제, 바다는 큰 은혜를 베푸는 존재가 된다. 제비갈매기의 고달픈 삶을 가엾게 생각하는 마음도 모두 터전에서 비롯된다.

다른 존재를 귀하게 여기는 마음은 이웃집 소년과 지내는 모습으로 알 수 있다. 그의 시선과 말투는 얼마나 부드럽고 정겨운지. 겸손한 모습이란 바로 이런 것 아닐까. 거짓된 말과 행동이 아니니까 부끄러울 일도 아니고 자부심이 덜해지는 일도 아니다. 소년이 그를 따르고 배울 게 많다고 한 이유가 있다. 벌써 꼰대가 되는 중인 나를 말려야겠다.

인간은 패배하도록 창조된 게 아니라는 말이 와닿는다. 그가 파멸당할 수는 있어도 패배할 수는 없다며 불운에 맞선 것처럼 나도 내 의지대로 살아야지. 실질적인 것이 아니면 아무 의미가 없다는 말도 새겨듣고 최대한 나와 주변을 비운 채 넉넉한 공간을 즐기고 싶다. 그래서 마지막엔 사랑과 겸손만 남을 수 있도록.

- 독후감 팁 -

고전은 왜 시대를 초월해 읽어야 할까. 각자 그 이유를 찾는다.

23.
바람이 통하는 관계
(원 테이블 식당, 유니게 글, 문학과지성사)

그해 겨울 친구와 나는 대학 입시에 실패했다. 서로 의지해서 끝까지 달렸던 길. 실패의 아픔도 그렇게 나누겠지 싶었는데 친구가 약속에 늦은 날, 여느 때와 다르게 화가 났다. 그럴 수밖에 없는 상황을 머리는 이해하는데 마음이 거부했다.

우린 공백 기간을 갖기로 했다. 늘 붙어 다니다 혼자가 되니 친구가 더 잘 보였다. 내가 왜 예민하게 굴었는지도 알게 됐다. 내 코가 석 자라 그랬던 거다. 내 상처에 쩔쩔매면서 위로한다고 덤볐으니. 보름쯤 지나 죽을 만큼 힘들진 않아졌고 우린 다시 예전으로 돌아갔다.

《원 테이블 식당》은 관계에 쉼이 필요함을 느끼는 책이다. 오래 사랑하고 오래 좋아하려면, 하나밖에 없는 테이블에 손님 맞듯 정성을 다하려면 적당히 바람이 통하는 길을 내야 한다.

세영의 절친 희수의 부모님이 갑자기 돌아가셨다. 특히 희수 엄마는 맞벌이 엄마의 빈자리로 외로워하는 세영을 따뜻하게 안아 준 사람이었다. 당사자인 희수 못지않게 세영의 슬픔도 컸다. 그래서 더 곁에서 지켜 주고 싶은 마음이 들었다.

이제 세영은 희수를 위해 공부도 뒷전, 다른 친구 사귀는 것도 포기다. 그런데 기운을 돋아 주기 위해 시작한 추억 음식 만들기가 매번 실패하면서 지쳐 갔다. 희수 엄마는 결혼 전 원 테이블 식당을 운영했는데 결혼 후에도 종종 그 테이블에 둘을 위한 음식을 차려 놓곤 했다. 하지만 단번에 그런 요리가 나올 수 있나.

세영은 슬슬 다른 계획을 갖고 다른 시간을 보내며 다른 이름을 좋아하게 되어 죄책감을 느낀다. 자책과 원망에 이어 진력이 났고 미움만 남은 상황. 희수는 희수대로 서운하다. 자기가 충분히 아파할 수 있도록 기다려 준 걸 고맙게 생각해야 하지만 그런 말을 건넬 여유가 없다.

무조건 자기가 가진 열매를 나눠 주는 게 최선은 아니라는 말이 와닿는다. 더 열매를 맺을 때까지, 무성한 나무가 될 때까지 기다리는 것도 필요하다는 의미다. 오래갈 사이라면 적당한 간격이 있어야 하고, 서로 인정하고 참아 주는 배려도 필요하다. 각자 멋있는 나무로 설 수 있도록.

- **독후감 팁** -
소통과 공감의 부재. 끊임없는 성찰만이 답이고 책은 그 성찰에 더없이 좋은 도구다.

24.
상처를 만지는 밤
(소년을 읽다, 서현숙 글, 사계절)

날라리가 되고 싶어 불량 서클을 기웃거린 때가 있었다. 일단 교복 치마를 둘둘 말아 입고 실내화 뒤축을 꺾어 끌고 다니면서 껌을 질겅질겅 씹어야 한다더라. 껌을 씹기는커녕 그 냄새에 질색하는 내가 짝짝 소리를 내며 씹어야 한다니 아무리 생각해도 그림이 나오질 않았고 어느새 그 마음도 시들해졌다.

왜 엇나가고 싶었을까. 아무것도 아닌 나를, 아무것도 할 수 없는 나를 포기하고 싶었다. 영원히 그 바닥에서 벗어나지 못할 거라는 절망감. 《소년을 읽다》를 읽으며 그 시절의 나를 만났고 그래서 아팠고 소년들이 안타까웠다.

이 책은 글쓴이가 소년원을 찾아가 그곳에 수감된 학생들과 일 년 동안 진행한 국어 수업의 기록이다. 수업이 가능할까 싶지만 책을 소리 내어 읽고 시를 외우고 작가를 초청해서 직접 묻는 시간은 글쓴이와 학생 모두를 성장시켰다.

글쓴이는 소년이 타인에게 고통을 가한, 범죄를 저지른 사람이면서 동시에 구체적이고 개별적인 삶의 맥락을 지닌 존재라는 걸 깨달았고, 소년은 그런 데서 살았다는 흔적을 어디에도 남기고 싶지 않다고 말할 만큼 부끄러움을 아는 존재로 다시 태어난다.

가해자인 그들은 죗값을 치러야 하니까 인정을 베풀거나 지내기 좋은 환경을 만들어 줄 필요가 없다고 말하기도 한다. 그 말도 맞지만 좋은 삶을 경험해야 그런 삶을 꿈꾸는 사람이 될 수 있을 거라는 글쓴이의 말에 더 마음이 쏠린다. '하고 싶은 일이 있는 사람은 자기를 무작정 방치하지 않는다.'라고 하지 않던가.

되돌아보면 설령 껌을 씹더라도 나는 날라리가 되진 않았을 거다. 이미 책을 읽어 나처럼 어려운 형편의 사람들이 자기 꿈을 찾아 노력하는 모습을 봤으니까. 내가 나를 소중히 여겨야 한다는 것도 배웠다. 우리나라 소년원에 천 명쯤 된다는 아이들이 책과 노는 시간을 갖고 다양한 자기 꿈을 갖고 살아가길 바란다.

- 독후감 팁 -

어떤 사람의 말과 행동을 버리고 그 사람만 집중해서 바라보자. 달라지는 게 있을지 모른다.

25.
일과 쉼 그 사이에서
(일의 기쁨과 슬픔, 장류진 글, 창비)

《일의 기쁨과 슬픔》을 읽으며 젊은 시절에 본 내 사주가 떠올랐다. 닭이 먹이를 얻기 위해 땅을 파헤치듯 평생 사부작거려야 하는 운명. 〈백한 번째 이력서와 첫 번째 출근길〉의 그녀처럼 꽤 오랜 시간을 식구들 생활비와 적금, 학원비, 점심값, 문화비 등으로 쪼개며 살았다. 일의 목적이 오직 돈벌이에 있어서 고무줄 당기듯 팽팽했던 그런 삶.

그래서 장난처럼 만든 곡이 유튜브에서 성공하자 유행은 금방 지나가니 바짝 이윤을 남겨야 한다는 기획사 사장의 제안을 거절한 장우가 답답했다. "제발 인생을 좀 효율적으로 살아 봐. 적어도 남들처럼!"이라고 한 여자친구 유미의 말은 현실이니까.

그럼에도 전기 요금이 연체됐는데 동물병원 쇼윈도 너머로 눈이 마주쳤다고 월급을 털어 개를 사는 장우나 자기가 먹고사는 공간 정도는 마땅히 스스로 관리해야 한다며 애쓰다 가사도우미의 도움을 받는데 결국 휘둘리는 새댁에게 마음이 간다.

왜냐하면 나도 "전 막 열심히 하기도 싫고, 막 성공하고 싶지도 않은데요."라는 장우의 거절을 배우는 중이고, "우리 그러지 말자. 식기세척기를 사는 게 아니잖아. 사람이 오는 거라고."라는 새댁 남편의 충고가 더불어 사는 세상에 정답처럼 가져야 할 마음이란 걸 안다.

우리가 하는 일이 돈으로만 연결된다면 너무 삭막하다. 일을 중심으로 사람, 보람, 연대, 발전, 열정 등의 무수한 낱말이 이어져야 하겠지. 오만 원을 내야 오만 원을 돌려받고, 만 이천 원을 내면 만 이천 원짜리 축하를 받는 게 세상 돌아가는 원리라지만 그걸 모르는 빛나 언니 같은 사람도 잘 살아야 하니까.

젊은 시절엔 내 사주에 한숨이 나왔는데 지금은 기쁘다. 일로 관계를 맺고 기여하고 발전하는 나를 볼 수 있으니 얼마나 좋은가. 나는 적게 일하고 많이 버는 삶이 아니라 적게 일하고 적게 벌어도 만족하는 삶으로 간다.

- **독후감 팁** -
일의 목적은 무엇인가. 일을 해서 번 돈은 어떻게 쓸 것인가. 휘둘리지 않고 즐겁게 사는 방법을 찾는다.

26.
어서 오세요, 영주 서점입니다
(어서 오세요, 휴남동 서점입니다, 황보름 글, 클레이하우스)

책을 읽는 동안 영국 그룹 킨의 〈호프스 앤드 피어스〉 앨범을 들었다. 《어서 오세요, 휴남동 서점입니다》의 영주가 거의 매일 듣는 곡이다. 그녀의 공간이 마치 내 집인 듯 편안한 건 이름도, 책과 사람을 대하는 생각과 행동도 비슷해서다. 난 이런 서점을 얼마나 꿈꿔 왔던가.

어느 가게나 그렇듯 서점도 늘 붐비진 않는다. 그녀는 짬짬이 오는 그 시간에 과일을 깎아 민준에게 내밀고 책을 읽는다. 민준은 취준생 노릇에 지쳐 자발적 휴식을 취하던 중 그녀의 서점에서 커피를 맡는다. 나는 둘이 한 공간을 사용하며 "침묵이 자신과 타인을 함께 배려하는 태도가 될 수 있다는 걸 배웠다."라는 문장이 참 좋았다. 상대의 눈치를 보며 일부러 말을 지어낼 필요가 없는 자연스러운 고요. 그 고요가 아무렇지 않은 사람이 필요하다.

어느덧 서점은 동네 사랑방이 되고 사람들은 그곳에서 자기와 타인의 민낯을 보고 울고 웃으며 성장한다. 어떤 생각이 들면 우선 그 생각을 안고 살아도 좋고, 너무 힘들어 잠시 쉬고 싶으면 잠시 소강 상태에 들어가도 좋다. 배려는 그걸 존중하는 말과 행동이고 타인은 물론 자기도 배려 대상이다.

  책을 좋아하는 사람이면 한 번쯤 생각해 봤을 동네 서점. 인스타나 블로그에 마련한 공간도 작은 서점이지 않을까. 영주 서점의 특별함은 내가 읽고 좋았던 책만 올린다는 것이다. 더불어 책과 만난 솔직하고 정성이 담긴 후기를 읽을 수 있고, 가끔 시와 캘리그래피와 사진이 섞인 작품도 볼 수 있다는 정도.

  2년을 예상한 휴남동 서점은 그녀의 용기와 진심 덕분에 깊이와 다양성을 지닌, 개성이 확실한 공간으로 사랑받는다. 그녀에게 도움 받을 수 있는 부분은 배우고 나만의 장점은 더 찾아 걸음마 단계인 이 서점을 잘 키워야겠다. 언젠가는 인터넷의 영주 서점을 커피가 맛있는 서점으로 이을 생각에 한없이 설레는 밤이다.

- 독후감 팁 -
'꿈은 무엇인가요?', '언제 즐겁습니까?' 그 답을 찾아가는 과정이 삶이다.

27.
나의 1순위
(나는 프랑스 책벌레와 결혼했다, 이주영 글, 나비클럽)

    가끔 어느 한적한 곳에서 하루나 이틀 책만 읽고 싶은 생각이 든다. 그게 뭐 어려운 일일까 싶지만 의외로 쉽지 않다. 직장도 다녀야 하고, 끼니도 챙겨야 하고, 잠도 자야 한다. 잠을 줄이면 되겠지만 나 같은 저질 체력은 잠이 보약이라 절대 포기가 안 된다. 이래저래 책에 쓸 수 있는 시간은 고작 2~3시간. 참 감질나는 시간이다.

    그래서 《나는 프랑스 책벌레와 결혼했다》에서 책벌레인 에두아르가 그토록 산만하고 무심하게 정신을 놓고 사는 모습이 낯설지 않았다. 그에겐 삶의 1순위가 책이다. 그 어떤 것도 책을 읽는 시간보다 재밌지 않다는데 뭐라 할 것인가. 우리는 누구나 자기를 미치게 하는 걸 즐길 권리가 있지 않나.

    다만 같이 사는 사람이 괴롭고 불편하고 화가 난다는 게 단점인데 그녀는 성질을 버럭버럭 내면서도 그의 삶을 인정하고 존중한다. 물론 사랑해서 가능한 일이다. 그럼에도 짜증이 나는 건 어쩔 수 없다니까 그에게 '머저리, 재수탱이'라고 욕하는 건 봐주자. 그 정도로 에두아르는 클래스가 다른 수준급 덜렁이다.

그녀의 글은 막힌 데 없이 시원하고, 통찰은 깊고 단단해서 시간 가는 줄 모르고 빠져들었다. 전혀 다른 두 사람이 산다는 건 많은 이해와 배려와 존중이 필요한 일이다. 사람은 고쳐서 못 쓴다는 말은 진리다. 그래서 차라리 '모르는 것이 약'이라는 처방전을 반갑게 받는다.

그가 읽고 반했다는 몇 권의 책을 챙긴다. 내 즐김이 가까운 이에게 피해를 주지 않도록 하는 게 새롭게 생긴 목표다. 부디 욕먹지 않고 1순위를 누릴 수 있기를.

- **독후감 팁** -

덕후는 어떻게 살까. 뭔가에 빠진 삶은 가까운 사람에게 어떤 상처를 줄까. 더불어 행복한 그림을 그려 본다.

28.
가짜를 걸러 내는 일
(오셀로, 윌리엄 셰익스피어 글, 민음사)

"어쩌면 내 짐작이 틀릴 수도 있지만. 내 생각을 너에게 알려 주는 건 너의 안정이나 이익에도 안 좋고 내 인간성과 정직성 또는 분별력에도 좋지 않은 일이야. 하지만 너를 사랑하니까 솔직히 말할게. 아직 증거를 말할 단계는 아닌데 너의 남편을 잘 관찰해 봐."

《오셀로》에 등장하는 이야고의 말을 지금 말로 바꾸면 이렇다. 이야고는 이 말로 자기가 시기하던 오셀로의 삶을 단숨에 지옥으로 떨어뜨린다. 비록 시대는 변해도 여전히 이 말은 텔레비전 드라마나 영화에서 강력한 파괴력을 발휘하고 있다.

만약 지인이 이런 말을 한다면 내 삶은 온전할까. 그 말을 듣고도 흔들리지 않을 만큼 내 믿음은 단단한가. 모래 위에 지은 집처럼 허망하게 무너지지는 않겠지만 일단 진실 확인을 위해 머리를 싸맬 것 같다. 그동안의 삶은 예전과 다를 수밖에 없을 것이다.

이번에는 그 대상을 남편에서 단짝 친구나 지인, 직장 동료로 넓혀 봤다. 누군가 목적을 이루거나 내가 맺고 있는 관계를 시샘해서

다가온다면 과연 그 사람의 정체를 단박에 알아볼까. '모르겠다'가 답이다.

왜냐하면 사람을 걸러서 사귈 줄 모른다. 그 사람 마음이 내 마음이려니 무조건 믿는 편이다. 아무리 평판이 나빠도 직접 확인하기 전까지는 선입견 없이 다가서려고 한다. 그러다 가끔 된통 당하기도 한다.

어떻게 하든 진짜와 가짜를 가려서 나와 내가 아끼고 사랑하는 사람을 지켜야 하는 필요를 느낀다. 더 이상 오셀로처럼 속수무책으로 당할 수는 없으니까. 다행히 글쓴이가 이끄는 대로 찬찬히 따라가니 답을 알겠다.

이야고는 오셀로에게 당신을 사랑해서, 그 믿음에 보답하기 위해 솔직히 사실을 전달한다고 했다. 하지만 이야고의 말은 거짓이다. 사랑은 상대방의 행복을 바라는 마음이 기본이다. 곁에 있거나 떠나거나 그 이유는 서로의 행복이여야 한다.

그러므로 설령 데스데모나가 불륜을 저질렀다고 해도 이야고는 모른 척해야 한다. 어차피 두 사람의 사랑이 식어서 벌어진 일이라면 그가 밝히지 않아도 언젠가는 알려질 일이다. 게다가 당사자가 미묘한 감정의 변화를 눈치채지 못할 리가 있나.

나라면 정확한 증거도 없는 일을 굳이 말하는 이유가 뭐냐고 묻겠다. 나를 진짜 생각한다면 잠자코 있다가 실제로 그런 일이 벌어져서 힘들어할 때 곁에 있어야 하는 거 아니냐고 하겠다.

고전을 계속 읽는 이유는 그 이야기가 시대만 다를 뿐 우리 삶이기 때문이다. 특히 이 작품은 셰익스피어의 4대 비극 가운데 자주 상연되는 희곡이다. 신뢰와 명예, 가부장적인 상황과 인종 문제, 실재와 겉모습 사이의 간극을 폭넓게 다뤄 그런 듯하다.

계산하면서 사람을 만나는 것도 싫지만 그렇다고 호구가 되는 것도 싫다. 진짜는 내 안정과 이익에 반하는 말과 행동을 하지 않는다는 오셀로의 충고를 기억한다. 행복의 조건에 많은 이름이 필요하진 않을 거다. 이미 걸러진 진짜와 잘 사는 길을 생각한다.

- **독후감 팁** -

믿음이 없으면 관계는 유리병처럼 깨질 수밖에 없다. 그렇다고 무한 신뢰를 보내는 것도 어리석다. 지혜는 그냥 얻을 수 있는 게 아니니까 경험을 마중물 삼는다.

29.
물음표와 느낌표가 넘치는 삶
(100 인생 그림책, 하이케 팔러 글, 발레리오 비달리 그림, 사계절)

인간의 수명이 길어지니 늘 인생의 절반을 사는 기분이다. 30에는 60, 40에는 80, 이젠 100세다. 정말 그 나이까지 살 수 있을까 보다는 어떻게 살 것인가를 생각하게 된다. 그 생각에 도움이 된 책이 바로《100 인생 그림책》이다.

글쓴이는 갓 태어난 조카를 보고 아이디어를 얻었다. 침대에 누워 세상을 바라보는 빛나는 눈. 그 앞에 펼쳐질 굉장한 일을 생각하곤 반은 부러운 마음이 들었고, 또 그 애가 겪어야 할 고통스러운 일 때문에 마음의 반은 아팠다.

몇 주 지난 뒤 다시 만난 조카는 벌써 자기에게 중요하지 않은 자극이 뭔지 알기 시작했다. 그렇게 무심히 넘길 걸 헤아리며 어른이 되면 세상일에 너무 익숙해져 큰 산이라든지 보름달이라든지 사랑 같은 것의 위대함을 당연히 여기게 된다. 그게 얼마나 쓸쓸한 일인지 아는 나는 다른가.

책 속의 모습은 그대로 나다. 일찍 일어나는 걸 배웠고 세상이 지루하다는 것도 알았다. 뽀뽀와 키스를 구별하고 산다는 건 정말 스트레스 넘치는 일이지만 누군가 나를 끌어 주고 나는 누군가를 밀어 주는 즐거움도 안다.

또 사랑하는 사람과 이별하는 게 어떤 기분인지 느꼈고 밤새 한 번도 깨지 않고 자는 게 얼마나 감사한 일인지 실감했다. 설탕 한 숟가락 넣어야 삼킬 수 있는 쓰디쓴 커피의 맛을 음미하게 된 순간이 오기도 했다.

그 많은 경험 끝에 나는 마침표가 되었다. 세상이 궁금하지 않고 사랑하는 일이 시들하다. 그래서 94세의 글쓴이 말이 아프게 닿는다. "나는 종종 내가 옛날의 그 어린 여자아이라는 기분이 들어요. 살면서 뭔가를 도대체 배우기는 했는지. 그런 질문을 나 자신에게 던진답니다."

배운 게 없다는 깨달음이 그 사람을 항상 깨어 있게 했고 세상일에 귀를 기울이게 했다. 그는 자기가 아직 겪어 보지 못한 일이 많다는 걸 인정하고 '살면서 뭘 배웠는지를' 끊임없이 물었다. 그런데 이 질문에 대한 답엔 공통점이 있었다.

운명적인 사건을 겪은 사람은 자신이 얼마나 강한지를 깨닫고 놀라곤 했다. 더구나 어려운 시절을 견딘 사람이 선한 것을 더 소중히 여기고 있었다. 글쓴이는 이를 행복의 상대성으로 봤다. 삶은 꽤 공정한 셈이라는 말에 위로가 된다.

 책엔 이렇게 67세에 세상을 발견하고 74세에 생전 처음으로 자기랑 딱 어울리는 사람을 만났다는 고백이 있다. 나는 100세가 빈칸으로 남아 있는 이유를 생각하며 겸손해진다. 그동안 세상을 안다고 건방을 떨었던 게 부끄러워서.

 그가 차린 인생의 맛을 충분히 즐겼더니 새로운 맛을 낼 뭔가가 기대된다. 내가 쓰는 인생 책에 감탄사와 물음표가 넘치면 좋겠다. 그만 무심해지자 마음먹으며 발길을 옮긴다.

- 독후감 팁 -

몇 살까지 살 것인지 고민하기 전에 어떻게 살 것인가 고민해야 한다. 훌륭한 그림책을 만나 그 답을 찾는다.

30.
내 안의 두 세계
(술라, 토니 모리슨 글, 문학동네)

책을 읽으며 독일의 헤비메탈 그룹 할로윈을 소개한 벗이 생각났다. 법대에 진학한 형과 비교당하다 아예 공부를 포기한 그는 미국으로 떠났다. 말이 유학이지 집안 망신이라고 쫓겨난 거였다. 나는 가끔 주고받은 편지에서 그의 방황을 지지하지 않았다. 범생이인 내게 술과 헤비메탈 음악과 나태함은 금기였으니까. 잠깐 귀국했을 때 찾은 오락실에서도 나는 쭈뼛거렸다. 오락실 경험이 없었기 때문이다.

그는 뭘 즐기고 풀어지는 데 서툰 내게 극약처방이라며 할로윈을 안겼다. 격렬한 반동이 몸과 마음을 흔들었다. 그들은 내가 한 번도 지르지 못한 소리를 냈고 퇴폐나 방종이 아닌 순수한 열정이 있었다. 나는 낯선 곳으로 걸음을 뗄 용기가 없는 겁쟁이에 불과했던 거다.

《술라》는 폭풍우가 쏟아지는 밀림이다. 술라를 비롯한 인물은 그 어둠 속에서 갑자기 튀어나오는 야생동물이다. 에바는 자식을 키우기 위해 기꺼이 한쪽 다리를 기차선로에 얹는다. 하지만 아들이 전쟁에서 받은 상처로 정상적인 생활을 하지 못하자 그가 잠든 침대에 불을 지른다.

그녀의 딸 한나는 남편이 죽자 매일 본능에 충실한 삶을 산다. 신혼부부가 첫날밤을 치르기도 전에 새신랑과 사랑을 나눌 만큼 쾌락을 추구하던 그녀는 옷에 불이 붙어 죽는다. 술라는 그런 엄마를 보곤 즐거워하는 표정을 지어 주위 사람을 경악하게 만든다. 심지어 친한 친구의 남편과 잠자리를 갖고도 죄책감을 느끼지 못한다. 그녀에겐 세상의 중심이 오직 그녀였다.

이들의 삶엔 흑인 문학에서 흔히 볼 수 있는 공동체가 없다. 도덕적인 잣대를 들이대는 것도 의미 없다. 글쓴이는 세 여인의 반도덕성이 비상의 신화를 일굴 원동력으로 전환되기를 바랐다. 덕분에 이들은 억압과 틀에서 벗어나 "난 내 마음을 갖고 있어. 그리고 그 마음속에서 진행되고 있는 것을 갖고 있지. 말하자면, 난 나를 갖고 있어."라고 말한다.

인물은 종잡을 수 없이 경중대지만 글은 고요히 흐르는 강물이다. 비난받을 이들의 말과 행동은 아름다운 문장 덕분에 힘을 얻는다. 마치 뚝 떼면 산문시로 읽힐 만큼 깊고 우아하다. 아마 글쓴이는 아마존 같은 미지의 영역을 품고 있는 사람 아닐까.

정사각형. 나는 틀 안에 있는 게 편안한, 그런 사람이었다. 그런데 친구가 안긴 헤비메탈 음악이 나를 바꾸기 시작했고 그렇게 서서히 생긴 균열이 이 책으로 깨진 걸 느낀다. 자기 아닌 딴사람을 만들지 않고 자기를 위해 떠돌아다니는 것. 온전히 자기 삶을 끌어안는 그런 사람이 되고 싶다.

술라를 규정짓기는 어렵다. 에바의 오만과 한나의 자기 탐닉, 그 어떤 의무도 갖지 않으려는 그들의 삶은 하나의 실험이다. 그럼 나 자신을 규정짓는 건 가능한가. 부도덕한 사람은 되고 싶지 않지만 그렇다고 단정 짓는 게 가능한 사람도 싫다. 글쓴이처럼 마음속에 드넓은 공간을 갖고 싶다. 클래식과 록이 공존하는 그런 곳.

- **독후감 팁** -
보통 사회 통념에 벗어나는 생각과 행동을 비난한다. 그걸 깨거나 비트는 책은 어떻게 닿을까.

31.
낯선 어울림
(뉴턴의 아틀리에, 김상욱·유지원 글, 민음사)

'과학과 예술, 두 시선의 다양한 관계 맺기'란 부제가 붙은 《뉴턴의 아틀리에》. 하나의 주제를 놓고 물리학자는 예술적으로, 타이포그래퍼는 과학적으로 썼다. 그 자체만으로 신선한데 글은 더없이 다정하고 우아하다. 어쩌면 그들이 빠져든 과학과 예술이 그런 것 아닐까.

미술은 물리다. 미술 작품은 시각으로 인지되며 시각은 그 속성상 분석적이고 인간이 가진 감각 가운데 가장 정확하기 때문이다. 그리고 미술은 물질의 예술이며, 여러 물질이 가진 특성을 한데 모아 원래 존재하지 않던 새로운 특성을 만들어 낸다. 공간도 작품의 하나로 보는 시선에서 과학을 느끼기에 충분하다.

평소에 딱딱하게 다가왔던 과학이 이렇게 말랑할 수 있다니 놀랍기만 하다. 아마도 어떤 현상의 원인을 그저 밝히는 데 그치지 않고 삶을 성찰하는 단계까지 나아갔기에 가능했을 듯싶다. 어느새 마음을 건드린 글에 밑줄을 긋는다.

"여유는 세상과 더 잘 지내기 위해 개인들이 애써 확보해야 할 공간이다. 그 여유 공간 속에서 낯선 감정들은 희석된다." 그리고 "정신에 통풍과 환기가 될 때, 우리의 마음은 보다 자유롭고 관대해진다." 또 있다. "언어로 모든 것을 다 표현할 수 없다는 것은 왜 수학과 예술이 존재하는지 설명해 준다."

누구도 눈여겨보지 않을 마침표 하나를 고르기 위해 마음을 쏟은 유지원 작가. 같은 글자체를 봐도 각각 다른 개인의 이야기가 담긴다고 한다. 그리고 나라 혹은 문화, 사람마다 글자체가 다르다. 결국 어떤 것을 설명하거나 판단할 근거가 많다는 의미다. 편협한 시선을 버릴 이유로 충분하지 않나.

존재하지 않는 상상을 믿는 능력은 지구상의 모든 생물 가운데 인간이 유일하다. 작가는 세상 모든 것에 의미 부여가 가능하고 예술은 상상을 물질로 구현한 흔적이다. 전혀 어울릴 것 같지 않은 과학과 예술의 콜라보. 즐기고 아끼고 기억하며 새롭게 하는 게 우리의 몫 아닐까. 아름다운 글이 흐르는 아틀리에는 문을 닫지 않을 것이다.

- **독후감 팁** -

과학과 미술의 어울림. 이렇게 낯선 조합에 자기를 맡겨 보자.